SEEMANN
SPRICHT

Ulrike Winkler-Hermaden

SEEMANN SPRICHT

Eine Novelle

Die Abbildung am Umschlag zeigt
die Tonfigur „Trost" der
Weinviertler Künstlerin Martha Plößnig.

Gedruckt mit Unterstützung der Kulturabteilung
des Landes Niederösterreich

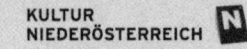

© 2023 Edition Winkler-Hermaden, A-2123 Schleinbach
Alle Rechte vorbehalten
www.edition-wh.at
Printed in the EU
ISBN 978-3-9519762-1-1

*Du weißt doch, dass ich mir
gern Sachen ausdenke,
auch wenn es nichts Großartiges ist.*

Am Freitag lag Seemanns Brief im Postkasten. Darin teilt sie Susanne mit, dass sie mit ihr sprechen müsse. Dass sie etwas zu erzählen habe. Dass es wichtig sei. Dass sie sich ein paar Tage Zeit nehmen möge. Mehrmals weist sie auf die Dringlichkeit der Angelegenheit hin. Es steht nicht da, dass das ihr letzter Wunsch ist, aber es klingt so.

Susanne aber hat andere Pläne. Sie legt den Brief in die Schreibtischlade. Nach ihrem Urlaub wird sie sich melden. So lange wird Seemann warten müssen. Sie weiß, dass Susanne seit Jahren im August nach Drosendorf fährt. Zeit, die nur ihr gehört. Keine Chefs, keine Gerichtssäle, nur schwimmen in der Thaya und schreiben, was ihr einfällt.

Susanne fährt ins Waldviertel, um die Geschichte vom Mann mit dem karierten Anzug niederzuschreiben. Sie entdeckte ihn vor einiger Zeit im Park unter ihrem Schlafzimmerfenster, auf einer Bank, rechts hinten. In aller Früh sitzt er dort, raucht und schaut zufrieden in die Luft. Zwei bis drei Mal in der Woche ist er dort. Susanne kann keine Regelmäßigkeit erkennen. Er hält sein Gesicht in die Sonne und zieht genüsslich an seiner Zigarette. Die Farben seiner Anzüge ändern sich, aber immer sind sie kariert. Auf dem Kopf trägt er eine graue Schirmkappe. Seine Schuhe verlaufen nach vorn spitz. Sie sind immer geputzt und glänzen hinauf in den zweiten Stock. Susanne ist überzeugt, dass er von einer Geliebten kommt, von einer Geliebten mit einem eifersüchtigen Ehemann.

Es bereitet Susanne Vergnügen, sich solche Geschichten auszudenken. Sie sitzt an ihrem Frühstückstisch, trinkt Kaffee, isst ihr Marmeladebrot. Die Geliebte ist sicher eine Blumenbinderin, denkt sie.

Im wirklichen Leben ist Susanne Gerichtsreporterin. Da schreibt sie nieder, was passiert ist, da bleibt für Fantasie kein Raum. Die Redaktion bekommt von ihr Tatsachen. Sie schreibt auf, was sie sieht, hört und liest. Vermutungen haben keinen Platz. Die Augen des Betrügers sind dunkelblau. Ob sie funkeln oder gar böse funkeln, ist irrelevant. Ob der Beschuldigte mit weinerlicher Stimme dies oder jenes sagte, interessiert nicht. Er sagte. Das genügt. Meinungen, Vorstellungen, Vermutungen und Gefühle haben in einer Gerichtsreportage keinen Platz. Es gibt die Anklage, die Schilderung des Tathergangs, die Zeugenaussagen und schlussendlich den Freispruch oder das Urteil des Richters. Aber am Weg zur Arbeit, im Bus, beim Einkaufen, beim Spazierengehen hört sie ein paar Wortfetzen, sieht ein enttäuschtes Gesicht, und schon entsteht eine Geschichte.

Irgendwann fing sie an, diese Geschichten aufzuschreiben. Nur für sich. Schriftart Arial Narrow, Schriftgröße 12, Zeilenabstand 1,5. Sie legt sie in schwarzen Aktenordnern ab. Die Einzige, die einige dieser Seiten gelesen hat, ist Seemann. Sie stellen dann gemeinsam Vermutungen an, lachen miteinander.

Einmal brachte Susanne ihr diese Szene vom Friseur mit: Ein älterer Mann bekommt einen Haarschnitt. Seine Frau begleitet ihn, und als er fertig ist, sagt sie, mit diesem wundervollen Mann darf ich heute den Abend verbringen, und ihr Mann lächelt verlegen und sehr erfreut. Meine Geschichte, wunderte sich Seemann, diese Geschichte habe doch ich dir erzählt! Seemann nennt sich Seemann. Warum auch immer. Eigentlich heißt sie Weber. Als Susanne einmal gefragt hat, warum Seemann, hat sie nur den Kopf geschüttelt: Das erzähle ich dir ein anderes Mal.

Nun will Seemann etwas Wichtiges loswerden. Susanne aber hat andere Pläne, und ihre Pläne ändert sie nur ungern.

Am Tag vor der Abreise putzt sie die Wohnung. Kurz telefoniert sie mit ihrer Freundin. Sie wird Susannes Blumen gießen. Während sie telefonieren, hört Susanne Kinderstimmen im Hintergrund. Susanne mag das Familienleben der Freundin. Sie schaut zu, wie die Kinder kommen und gehen, wie sie groß werden. Der ständige Wirbel im Haus der Freundin fasziniert sie. Sie hört sich gern die Geschichten an: Du kannst dir gar nicht vorstellen, was jetzt wieder passiert ist. So beginnt fast jedes Gespräch. Susanne könnte das nicht. Sie lebt lieber allein. Nur selten empfängt sie Besuch. Sie braucht ihr Drinnen und Draußen. Drinnen soll es ruhig sein und still.

Um 22 Uhr schaltet sie die Nachrichten ein: Naturkatastrophen, Kriege, Hungersnöte, überforderte Politiker, Analysen, Experten. Zu guter Letzt kommt noch die Meldung über eine Jungfrauenweihe. Im Salzburger Dom wird in Anwesenheit von achtzehn Geistlichen, darunter der Weihbischof, eine junge Frau zur „ewigen Jungfrau" geweiht. Während der Zeremonie liegt sie im weißen Brautkleid am Boden und verbirgt das Gesicht in ihren Händen.

Da Susanne Zeit hat, fährt sie mit dem Bus. Die Schnellbahn bringt sie nach Wolkersdorf, und von dort schaukelt sie durch die Gegend. Bus 515 bringt sie nach Mistelbach. Es ist die Zeit der vertrockneten Sonnenblumenfelder. Braun starren die Blumenköpfe in eine Richtung. Die Landschaft ist ein ständiges Auf und Ab, nicht steil und schroff, sondern wellig, langsam, immer in Bewegung, ohne Stillstand. Die Menschen laufen nicht, gehen gemächlich dahin, keine Höhenflüge, keine Gefahr, abzustürzen.

Sie fährt am Dorf ihrer Kindheit vorbei. Selten kommt sie hierher. Das Haus ihrer Großeltern ist verkauft, die Weingärten sind verpachtet. Die Großeltern leben schon lange nicht mehr, und die Cousine ist wie sie in die Stadt gezogen. Das Gasthaus „Zur grünen Eiche" sollte ich einmal ausprobieren, denkt Susanne. Dort soll es einen neuen Pächter geben, der seine Sache gut macht. Sie fährt an Ediths Haus vorbei. Sie ist die Freundin aus Kindertagen. Nie verloren sie den Kontakt, obwohl ihre Lebenswege so unterschiedlich sind. Zuerst noch die gemeinsame Schulzeit, dann aber heiratete Edith bald, bekam Kinder, während sich Susanne in ihren Beruf stürzte. Sie denkt an die vielen Stunden, die sie gemeinsam, auch noch als erwachsene Frauen, verbrachten: zuerst in verrauchten Kellerlokalen, dann in den jeweiligen Wohnzimmern. Sobald ich vom Urlaub zurückkomme, werde ich sie anrufen, nimmt Susanne sich vor. Die grünen Fensterläden sind offen. Edith sollte dort stehen und ihr zuwinken.

Mit dem Bus entkommt man dem Alltag und den Erinnerungen nur sehr langsam.

Plötzlich unterbricht ein sehr lautes Gespräch ihre Gedanken. Der Buslenker unterhält sich mit einem Fahrgast und meint, dass er die Schulkinder gern in die Schule bringt. Allerdings seien da immer Kinder ohne Manieren dabei. Jausenreste und Müll würden einfach unter die Sitze geschoben, aber er, der Chauffeur, habe da ein Auge drauf, er beobachte das ganz genau und spreche dann die besonders Unordentlichen an und lese ihnen die Leviten. Bei mir kommen sie mit den Schweinereien nicht durch!
Die Strecke zwischen Mistelbach und Poysdorf im Bus 560 ist gut frequentiert. Leise summen die Gespräche. Einsichten in Orte, die Susanne sonst nur aus Sicht der Umfahrungen kennt. In Poysdorf steht der Anschlussbus 581 nach Laa an der Thaya bereit. Landschaften und Dörfer ziehen vorüber, die Häuser mit ihren Vorgärten sind sehr gepflegt, Menschen sieht sie kaum. In Guttenbrunn werden die Fenster des Kindergartens geputzt, in Neuruppersdorf entdeckt sie das „Private Uhrenmuseum". In Laa findet am Hauptplatz ein Jahrmarkt statt. Unzählige Kleider hängen da an unzähligen Ständern. Das nächste Ziel ist Jetzelsdorf. Bus 813 bringt sie dorthin. Über lange Strecken ist sie wieder der einzige Fahrgast. In Alberndorf steigt eine Frau ein. Sie setzt sich in den hinteren Teil des Busses und telefoniert: Ich habe das Paket schon in Baden bei der Post abgeholt. Du

brauchst dich also um nichts mehr zu kümmern. Am Wochenende komme ich dann und wir kochen gemeinsam. Nach dem Kaffee muss ich aber nach Hause fahren. Maria wartet auf mich. Du weißt ja, sie ist immer sehr ungeduldig.

Kurz nach Mittag kommt Susanne in Jetzelsdorf an. Sie hätte gern in einem Gasthaus ein Menü gegessen und ein Glas Bier dazu getrunken, aber in der Nähe der Haltestelle gibt es nichts. Nur eine Bäckerei, die offensichtlich schon seit Jahren geschlossen hat. Das Schild ist verblichen und der Vorgarten voller Unkraut. Schräg gegenüber ist ein Friseursalon. Die Haare hätte sie sich schneiden lassen können. Es ist heiß und wie ausgestorben in diesem Ort. Sie besteigt einfach den nächsten Bus, der sie nicht wie geplant nach Retz bringt, sondern nach Hollabrunn.

Kaum in Hollabrunn angekommen, läutet das Handy. Es ist Seemann. Komm zu mir, sagt sie.
Woher weißt du, dass ich hier bin, fragt Susanne überrascht.
Ich weiß es nicht, hört sie leise, aber bitte komm doch vorbei.
Zehn Minuten später steht Susanne vor ihrem Haus. Da ist der Garten, gepflegt wie immer: Das Gemüsebeet ist aufgeräumt, die Blumenstauden blühen, die Obstbäume tragen Früchte, der Rasen ist kurz

geschoren. Seemanns Haushälterin hat, wie immer, gute Arbeit geleistet. Seemann sitzt auf ihrer Hausbank, gleich rechts neben der Eingangstür. Besser gesagt, sie lehnt sehr schief dort, knapp davor, von der Bank zu rutschen. Ihr Kopf ist nach vorn gefallen, ihr Gesicht nicht zu sehen.

Seemann, ruft Susanne. Rasch öffnet sie die unversperrte Gartentür, setzt sich auf die Bank und versucht, die kleine, zarte Gestalt aufzurichten. Als sie ihren Rücken berührt, spürt sie jeden einzelnen Wirbel. Seemann hebt ihren Kopf und sieht sie mit müden Augen, ohne jedes Erstaunen an. Ich habe wohl zu wenig getrunken, sagt sie. Es ist so heiß heute.

Susanne holt ein Glas Wasser, das Seemann gierig austrinkt.

So, jetzt geht es wieder. Ich bin froh, dass du gerade rechtzeitig vorbeigekommen bist. Sie versichert Susanne, dass alles wieder in Ordnung ist: Ein Anruf beim Arzt ist nicht notwendig. Ich bin einfach alt.

Sie betrachtet den Koffer, den Susanne neben die Bank gestellt hat, und fragt, was sie vorhat. Susanne erzählt von ihrer geplanten Reise ins Waldviertel und vom Mann mit dem karierten Anzug, dessen Geschichte sie aufschreiben will.

Und wenn dir nichts einfällt, wenn nichts passiert, wenn es in Drosendorf nur langweilig ist, wenn es regnet und du nicht in der Thaya schwimmen kannst, wenn das Gasthaus nicht geöffnet hat, wenn dein Zimmer voller Gelsen ist ...

Susanne unterbricht Seemann. Du weißt doch, dass ich mir gern Sachen ausdenke, auch wenn es nichts Großartiges ist.
Seemann bittet sie, das Abendessen zuzubereiten. In der Küche findet Susanne Zwiebel, Zucchini, Karotten und Tomaten. Sie schneidet das Gemüse in kleine Stücke, gibt sie in heißes Fett und lässt das Ganze auf kleiner Flamme gar werden. Sie kocht Nudeln und reibt Käse. Im Garten findet sie frischen Salat. Sie deckt den Küchentisch, holt Mineralwasser und Apfelsaft aus dem Kühlschrank und vermischt schließlich die fertigen Nudeln mit dem Gemüse.
Seemann stützt sich schwer auf Susanne, als sie sie aus dem Garten holt. Mein Lieblingsessen, sagt sie und lässt sich in den Stuhl fallen. Mit dem Essen, bei dem sie kräftig zulangt, scheinen auch ihre Lebensgeister wieder zu kommen. Sie sagt: Ich muss dann mit dir reden. Bleib! Sie sagt, dass Susanne sich ein paar Tage Zeit nehmen soll. Manchmal lief mein Leben in die falsche Richtung, da musste ich korrigierend eingreifen.
Ich bin nicht dein Beichtvater, wirft Susanne ein, und außerdem habe ich, wie du weißt, ganz andere Pläne.

Ich weiß nicht, wie lange ich noch sprechen, denken und leben werde, sagt Seemann. Heute Vormittag dachte ich, dass es vorbei ist.
Da sitzt Susanne nun bei dieser kleinen, alten Frau, die in den letzten Jahren immer schmächtiger wurde und die sie jetzt mit ihren unglaublich blauen Augen ansieht, und denkt: Das ist ihre allerletzte Bitte an mich. Ich werde es für immer bereuen, wenn ich ihr diesen Wunsch nicht erfülle.

Susanne bleibt. Sie bringt Seemann in den ersten Stock ins Bett, deckt sie zu und legt sich in den Liegestuhl, der unter dem Nussbaum bereitsteht.

Später bezieht sie das Gästezimmer, packt ihren Rucksack aus. Es macht ihr keine Freude. Oft glauben die Menschen, dass sie eine einzigartige Lebensgeschichte haben und dass es wert ist, sie aufzuschreiben. Ich könnte Ihnen Sachen erzählen, die füllen Bücher. Susanne mag das nicht, sie macht lieber ihre eigenen Beobachtungen. Aber es ist Seemann, sie kann nicht anders. Sie wird einen Stundenplan erstellen, sie wird Seemann Erzählzeiten einräumen und dann das Erzählte niederschreiben. Nach ein paar Tagen ist die Sache erledigt, sie kann ihr die beschriebenen Blätter aushändigen und fertig.

Der Mann mit dem karierten Anzug wird in Cornwall geboren. Nicht in einem dieser kleinen Häuser in der Hauptstraße eines dieser malerischen Dörfer an der Küste, nein, sein Elternhaus ist ein großer, geräumiger Landsitz mit Park. Er erinnert sich gern an seine Bubenjahre. Er sieht sich herumlaufen, begleitet von seinem Hund. Es gibt auch drei Katzen im Haus, und im Stall stehen Pferde und ein Pony. Die Eltern sind liebevoll und immer für ihn da. Alles, was die Köchin für ihn zubereitet, schmeckt ihm, das Hausmädchen hat immer Zeit für ein Spiel, und der Hausmeister bringt ihm das Sägen und Hämmern bei. In einem dieser Filme, die wir so sehr lieben, würden in dieser Kulisse sehr bald Probleme um die Ecke schauen: ein verschmähter Liebhaber der Mutter, ein verschollener Onkel, der Erbansprüche stellt, eine Nachricht, die aufdeckt, dass er ein Findelkind ist, und der ältere, böse Bruder will ihn daraufhin vom Hof jagen. Aber nichts von alldem geschieht. Er bringt problemlos seine Schuljahre hinter sich, absolviert sein Studium und bittet danach seine Eltern, ihn freizugeben. Er plant eine Weltreise, und diese führt ihn zunächst nach Wien.

Tag 1

Susanne präsentiert Seemann ihren Plan:
8 Uhr Frühstück.
Danach setzen wir uns ins Wohnzimmer.
Du erzählst, und ich höre zu und mache Notizen.
Danach koche ich.
Um 12.30 Uhr wird gegessen.
Danach gibt es eine Mittagspause.
Am Nachmittag schreibe ich auf, was ich gehört habe.
Abends lesen, fernsehen, tratschen, was auch immer.
Vor dem Einschlafen schreibe ich die Geschichte vom Mann mit dem karierten Anzug.

Seemann ist einverstanden. Sie setzen sich in die Küche an den Frühstückstisch, essen Striezel mit Butter und Marmelade, trinken Kaffee. Sie räumen die Küche auf, danach geht Seemann rasch ins Wohnzimmer. Susanne sieht, dass Seemann aufgeregt ist. Sie holt ihr Notizheft und einen Bleistift. Dann sitzen sie sich gegenüber. Seemann auf der Eckbank, Susanne auf einem Sessel, ein Holztisch steht zwischen ihnen, darauf liegen Heft und Bleistift.

Seemann trägt eine runde Brille. Die Augen dahinter sind blau. Vor ein paar Jahren noch hatte sie

dichte Augenbrauen, dicht und blond. Sie sind jetzt weiß und verstecken sich hinter dem dunkelbraunen Brillenrand. Die Stirn ist von Fransen verdeckt. Die Haare sind kurz geschnitten. Die Haarfarbe war immer fahl, früher blond, jetzt beinahe weiß, dumpfes Weiß.
Seemann merkt Susannes Blick. Sie greift sich an die Haare: Ein Friseur meinte einmal, ich sollte sie färben. Ich habe nicht auf ihn gehört. Heute tut es mir fast leid. Grün, ein grelles Grün wäre schön gewesen. Aber jetzt ist es zu spät.
Seemanns Ohrläppchen sind nackt. Früher trug sie Ohrstecker. Kleine, blaue Blümchen.
Feine Falten ziehen über Seemanns Wangen. Ihr Mund ist schmal, beim Lachen zeigt sie keine Zähne. Wenn sie traurig ist, ziehen ihre Mundwinkel nach unten. Der Hals ist faltig. Sie trägt gern Rollkragenpullover und Schals. Falten sind nicht nur auf den Wangen, sie durchziehen das ganze Gesicht. Zwei steile Striche stehen über der Nasenwurzel. Die Nase ist breit.

Heute trägt Seemann eine Bluse mit kleinen Blumen. An den Ellbogen ist der Stoff schon ganz dünn. Meist trägt Seemann Hosen, heute einen blauen Jeansrock. Die Beine stecken in schwarzen, blickdichten Strumpfhosen.

Während Seemann erzählt, schreibt Susanne immer wieder ein paar Worte auf. Anhaltspunkte, damit sie später bei der Niederschrift nichts Wesentliches vergisst. Manchmal scheint Seemann in einer ganz anderen Zeit zu sein, in einem anderen Raum, dann wieder schaut sie Susanne an, zuckt mit den Schultern, so, als wolle sie sagen: Ja, so war das eben. Susanne unterbricht sie nicht, sie will ihren Redefluss nicht stören. Fragen stellt sie am Ende des Gesprächs.

Zu Mittag essen sie Kartoffel mit Petersilie und Salat. Wieder lobt Seemann die Mahlzeit. Du kochst genau so, wie ich es gern mag. Nach dem Essen legt sie sich hin, und Susanne ruht sich kurz im Garten unter dem Nussbaum aus. Der Himmel scheint blau durch die grünen Blätter. In der Ferne hört man einen Rasenmäher, sonst ist es still. Zwei, drei Tage war ich glücklich, hat Seemann gesagt.

Eine seltsame Skulptur steht neben dem Hagebuttenstrauch. Drei dünne Eisenbeine halten eine Haube aus weißem Ton. Die Haube hat Fransen und ein Luftloch nach oben. Die Skulptur ist filigran und steht doch fest am Boden. Susanne sieht dieses Gebilde zum ersten Mal in diesem Garten, und doch passt es, gehört hierher wie die Blumen, die Paradeispflanzen, das Haus, wie Seemann.

Susanne setzt sich in ihr Zimmer. Der Schreibtisch steht vor dem Fenster, sie sieht ins Tal, Wälder und Wiesen. Kein Haus.
Susanne legt im Computer einen neuen Ordner an, überlegt, wie sie ihn nennen soll. Schließlich tippt sie: Seemann. Das erste Dokument heißt:

Seemann_1

Seemann schluckt ein paar Mal, dann beginnt sie sehr leise.
Ich versuche, Ordnung in meinen Kopf zu bringen. Mein Hirn ist ein Labyrinth. Gemächlich spaziere ich durch die Gänge, biege nach links ab, nach rechts, gehe eine lang gezogene Kurve, stehe plötzlich vor einer Wand. Ich gehe zurück und setze an der nächsten Kreuzung meinen Weg in die andere Richtung fort.
Ich erwarte nichts mehr vom Leben. Ich warte, bis es vorbei ist. Die Sonne scheint, der Himmel ist blau, die Hauswand weiß, die Bienen summen.
Manchmal kommen mich der Weber, Jeschofnig und Eder besuchen. Um 15 Uhr. Zu spät will ich diese Treffen nicht ansetzen, sind die Herren doch alle schon knapp unter hundert.
Ich bereite dann schon vormittags die Kaffeejause vor. Das ist mühsam, meine Hüftgelenke schreien, je-

der Schritt ein Stich. Der Orthopäde sagt, dass heute niemand mehr leiden muss, die Gelenke lassen sich leicht austauschen. Es gibt großartiges Ersatzmaterial, sagt er. Aber eine Operation? Der Internist wiederum sagt, in diesem Alter muss man sich das gut überlegen, so einen Eingriff sollte man nur machen, wenn es sich nicht mehr vermeiden lässt. Außerdem mag ich das Haus nicht mehr verlassen. Ich bewege mich lieber langsam und vorsichtig.

Aber zurück zu meiner Kaffeejause. Die alten Herren sagen immer zu.

Sorgfältig decke ich den Küchentisch: vier Kaffeetassen, vier Dessertteller, vier Kaffeelöffel, vier Kuchengabeln, vier Servietten, die ich zu Dreiecken falte und links neben den Kuchenteller lege. Zucker, Milch und ein Marmorgugelhupf kommen in die Mitte des Tisches.

Ich besorge meistens Gugelhupf. Jeschofnig hätte lieber zuckersüße Punschkrapfen, Eder Schoko-Nuss-Kuchen. Es gibt aber Gugelhupf. Weber mochte Gugelhupf am liebsten. Seine Mutter buk die besten Kuchen, und ihr Marmorgugelhupf war Legende. Der Bäcker im Ort verkauft auch guten Kuchen.

Sie treffen immer pünktlich um 15 Uhr ein. Alle kommen sie mit imposanten Autos angereist. Autos waren ihnen immer wichtig. Ich stehe dann in der Tür und beobachte, wie sie sich den Gartenweg heraufarbeiten. Alle haben sie Rollatoren. Fein säuberlich parken sie diese neben der Eingangstür ein. Es dauert eine Weile, bis alle rund um den Küchentisch sitzen. Der Kaffee wird herumgereicht.

Weber: Ein schönes Häuschen hast du.
Jeschofnig: Ich wusste gar nicht, dass du dich in so einer spießigen Umgebung wohlfühlen würdest.
Eder: Dieses Häuschen war einmal meines, kurze Zeit war es unser beider Nest.

Wenn ich die Männer rund um meinen Tisch sitzen sehe, werde ich rasch unendlich müde. Ich höre sie über mein Haus reden. Ständig sagen sie Häuschen. Sie nehmen mich nicht ernst.
Eder: Weibi, kann ich noch ein Schluckerl Kaffee haben?
Ich mache noch eine Runde um den Tisch: Kaffee? Milch? Zucker? Noch ein Stück Kuchen?

Sie reden über ihre Arbeit, die sie schon lange nicht mehr haben, über ihre Kinder, über ihre letzten Urlaube, über ihre Häuser und Wohnungen, über ihre Krankheiten und ihre besten Freunde, die alle schon gestorben sind. Jeschofnig erzählt von seiner Pflegerin, zu der er inzwischen ein freundschaftliches Verhältnis hat und die ihm jeden Wunsch von den Lip-

pen abliest. Weber spricht von seiner Tochter, die nur wenig Zeit für ihn hat, und Eder schaut kummervoll und meint: Seemann, ich hätte dich niemals verlassen dürfen.
Sie sind, wie sie immer waren, und dann gehe ich in den ersten Stock. Jede einzelne Stufe ist eine Herausforderung. Hoch und hoch und noch einmal hoch. Wenn ich endlich oben bin, setze ich mich ins Bett und höre von unten Stimmengemurmel. Ich schlafe dann gut.

Aber ich sollte doch lieber von vorn anfangen, ich möchte dir ja erzählen, wie alles so gekommen ist.

Als der Weber kam, war ich siebzehn. Der bewunderte mich so sehr und ganz bestimmt nicht nur dafür, dass ich so eine Brave und Angepasste war. Ich meine, dass ich so gescheit war und so gern Bücher las, das gefiel ihm schon. Auch dass ich hübsch war und immer gut angezogen, war kein Nachteil. Er war lustig, und mit ihm konnte man so viel Spaß haben. Er nahm mich mit zu seinen Freunden, er zeigte mich her, als wäre ich ein Hauptgewinn. Er schenkte mir Blumen und brachte meiner Mutter Würste vom Bauernhof seiner Eltern. Mit Vati redete er über Fußball. Alle waren begeistert von ihm. Vor allem ich. Er war der Märchenprinz, der mich in sein Schloss mitnehmen würde. Ich weiß gar nicht, wie ich das so genau beschreiben soll, aber es erwischte mich das erste Mal. Immer wenn ich Weber sah, zitterten meine Knie und große Sehnsucht überkam mich. Wir trafen uns oft bei der Friedensbrücke, und wenn er dann schon dort stand, konnte ich nicht anders, ich musste laufen und mich in seine Arme werfen, und er hob mich hoch, wirbelte mich herum, und ich war auf einmal der glücklichste Mensch auf Erden. Und wenn er mich berührte, mir übers Haar strich, mich küsste, wuchs in mir ein derartiges Verlangen, ihm nahe zu sein, ganz bei ihm zu sein, dass ich es kaum aushalten konnte. Ich ging auch gern und so oft wir es einrichten konnten zu ihm, in sein Zimmer, das er mit seinem Freund bewohnte. Wenn wir allein waren, war ich selig, und so verlor ich meine Jungfräulichkeit. Meiner Freundin erzählte ich von meinen unbeschreiblichen Gefühlen. Sie meinte nur: Ach, das sind die Hormone. Als ob sie irgendetwas davon verstanden hätte. Ich dachte und wusste damals, dass mit dem Weber und mir etwas ganz Einzigartiges passierte, dass er meine zweite Hälfte war und dass ich endlich meinen fehlenden Teil gefunden hatte. Ja, so war das damals, und es war schön. Ich wusste ja noch nicht, was danach alles kommen würde. Der Weber war meine ganze Welt. Als meine Mutter dahinterkam, dass ich ihn oft in seinem Zimmer besuchte,

meinte sie nur: Jetzt ist es entschieden, du wirst dein Leben mit ihm verbringen müssen, du wirst mit ihm eine Familie gründen. Ich war sehr einverstanden, ich konnte mir nichts Schöneres vorstellen.
Als ich das erste Mal mit Weber seine Eltern besuchte, war ich etwas verunsichert. Ich fühlte mich so fremd dort.

Nach einem Jahr wollte er mich heiraten. Auf der Stelle. Er meinte, dass ich den Schulabschluss ohnehin nicht brauche. Er würde für mich sorgen bis an unser Lebensende. Er drängte, und ich war glücklich. Da wollte mich jemand so, wie ich war. Er sagte, dass er erst mit mir ganz sei und lauter so schöne Dinge. Ich glaubte ihm, glaubte ihm gern. Endlich würde ich mein eigenes Leben führen können, endlich würde ich frei sein. Ich glaubte, alle Zwänge würden mit einem Schlag vorbei sein.
Mama war einverstanden, Vati war ein bisschen skeptisch, aber gegen uns Frauen hatte er keine Chance. Es sei doch schade, so kurz vor dem Ziel aufzugeben. Ich solle doch die Schule fertigmachen, dann könne ich doch noch immer heiraten. Man wisse doch heutzutage nie.
Aber Vati, sagte ich, Weber ist die Liebe meines Lebens, da kann gar nichts schiefgehen. Ich erinnere mich, wie er mich damals ganz fest drückte und mir

wünschte, dass alle meine Träume in Erfüllung gehen mögen. Ich war so glücklich und so überzeugt, dass ich alles richtig mache. Ich würde mein Haus, meinen Garten und einen Ehemann haben. Was brauchte ich mehr?

Jetzt mag ich nicht mehr, sagt Seemann. Das ist so eine traurige Geschichte, dass ich gar nicht mehr weiterreden möchte. Was war ich doch für ein Hornochs, und keiner hat mich aufgehalten. Keine Mutter, keine Freundin, niemand.
Aber du warst doch so glücklich, wendet Susanne ein. Ja, vielleicht ein, zwei Tage, aber da rede ich morgen weiter. Jetzt mag ich nicht mehr. Seemann steht auf. Ich leg mich jetzt hin, es ist genug für heute.

Susanne ist angespannt und konzentriert, als sie das am Nachmittag niederschreibt. Sie hört Seemanns leise Stimme, streicht Wiederholungen, nimmt die Pausen zwischen den Wörtern und Sätzen heraus. Sie schreibt das Wesentliche nieder, fängt die Stimmung ein. Zwei, drei Tage war ich glücklich, das geht ihr nicht aus dem Kopf.

Am späten Nachmittag hört sie von unten Stimmen aus dem Fernseher. Seemann schaut eine Nachmittagsserie. Zwischen 16 und 17 Uhr darf sie niemand

stören. Als Susanne später das Wohnzimmer betritt, schaltet Seemann gerade den Fernseher aus. Sie kommen einfach nicht zusammen, seufzt sie. Josie und Paul sind doch wie füreinander geschaffen. Das muss doch jeder sehen. Aber sie begreifen das einfach nicht. Sie schüttelt ihren Kopf. Komm, setzen wir uns in den Garten, das wird ein schöner Abend. Und recht hat sie. Sie sitzen da, ein Glas Wein vor sich.
Was ist das, fragt Susanne und zeigt auf die Skulptur, die sie am Nachmittag entdeckt hat. Ach, du meinst meinen Trost. Den habe ich von einer Künstlerin aus dem Dorf. Im Pfarrgarten war eine Ausstellung, und da standen viele merkwürdige Dinge herum. Diese drei Eisenbeine mit der Keramik obendrauf, das hat mich gleich angesprochen. Trost, stand auf einem kleinen Schild daneben. Nach Ende der Ausstellung kaufte ich mir den Trost. Ich finde, dass er gut in meinen Garten passt, und Trost kann man ohnehin immer brauchen. Seemann lacht: Ich lasse mich von einer Keramikskulptur trösten. Sie kann das ziemlich gut. Wenn ich sie lange anschaue, gibt sie mir Ruhe und heitert mich auf. Ich mag sie ganz einfach.
Nach einer kurzen Pause erzählt Seemann, dass sie sich das Pflege- und Betreuungszentrum angeschaut hat. Die haben dort einen kleinen Garten mit Hochbeeten. Die alten Leute können Gemüse anpflanzen. Es gibt auch kleine Wohnungen. Ein paar eigene Mö-

bel kann man mitbringen. Eine Friseurin ist auch im Haus. Ich mag dort nicht hin.
Nacktschnecken mag ich auch nicht. In der Früh gehe ich durch den Garten und sammle diese grauslichen Viecher ein. Ich schmeiße sie in einen Kübel und streue Salz drauf. Das schaut dann nicht schön aus, aber ich will nicht, dass sie mir alles wegfressen. Und dann erzählt Seemann wieder übergangslos von ihrer Serie. Von Herrn Sonnbichler, von Robert und von Erik. Den Erik mag ich besonders gern. Der ist zwar ein Gauner, aber dann meint er es wieder so ehrlich und hat immer nur Pech. Sie redet von diesen Schauspielern, als wären es gute Bekannte und Freunde.
Susanne genießt den lauen Abend: Vielleicht hat es doch etwas Gutes, dass ich hiergeblieben bin. Vielleicht komme ich Seemann endlich nahe.

Der Mann mit den karierten Anzügen verfügt über genügend finanzielle Mittel, um sich in der Stadt in Ruhe umzusehen. Er findet eine kleine Wohnung im achten Bezirk, er besorgt sich ein paar Möbel: ein Bett, einen Kasten, eine Couch, einen Tisch und vier Sessel. Küche und Bad sind eingerichtet. Gemütlich ist die Siebzig-Quadratmeter-Wohnung mit den wenigen Möbeln noch lange nicht, aber das wird sich mit der Zeit schon ändern: ein paar Fotos und Bilder an der Wand, herumliegende Zeitungen und Bücher, frisch gewaschene Wäsche auf dem Wäschetrockner. Sein erstes Ziel ist es, ein richtiger Wiener zu werden. Morgens frühstückt er lange und ausführlich im Kaffeehaus. Er liest alle Zeitungen. Danach geht er schwimmen. Er will seinen Körper nicht vernachlässigen. Zufällig entdeckt er das Stadthallenbad, als er die Hauptbücherei besuchen will. Die vierzig Längen, die er ab diesem Zeitpunkt täglich absolviert, werden ihm zur lieben Gewohnheit.

Tag 2

Um 7 Uhr ruft Seemann laut: Frühstück!
Susanne sitzt schon in ihrem Zimmer am Schreibtisch, liest den Text von gestern, ergänzt fehlende Buchstaben, überprüft die Grammatik und ärgert sich über die vielen Tippfehler. Vor Jahren besuchte sie einen Schreibmaschinenkurs, weil sie blind im Zehnfingersystem schreiben lernen wollte. Es half aber nicht, noch immer schreibt sie mit maximal vier Fingern und starrt dabei auf die Tasten.
Das frische Gebäck duftet am Küchentisch. Ein weiches Ei wird mit einer gehäkelten Haube warm gehalten, Butter, Käse und Tomaten sind auf einem Teller arrangiert. Das Gebäck bringt der Bäcker unter der Woche in der Früh ins Haus. Er hängt es an den Gartenzaun, erklärt Seemann stolz auf Susannes verwunderten Blick. Ich hoffe, du magst ein Kipferl und eine Semmel? Kornspitz gäbe es auch noch zur Auswahl. Na, dann bestelle ich für morgen Kipferl und Kornspitz, freut sich Susanne. Das Frühstück ist heute eine Stunde früher, entschuldigt sich Seemann, aber ich bin im Alter eine Frühaufsteherin geworden. Ich hoffe, das macht dir nichts aus.
Dann dusche ich nach dem Frühstück. Ich hoffe, das macht dir nichts aus, reagiert Susanne auf die Planän-

derung. Sie frühstücken und lesen dabei Zeitung. Susanne bekommt zuerst den Kulturteil, dann tauschen sie. Nichts Neues ist da zu lesen. Krieg, Teuerungen und eine Regierung, die anscheinend nichts unter Kontrolle hat und auf nichts angemessen reagiert. In Amerika protestieren die Schauspielerinnen gegen das Abtreibungsurteil, und im Sportteil feiert die Frauenfußballmannschaft, weil angeblich eine reale Chance auf den Aufstieg ins Viertelfinale der WM besteht.

Pünktlich um 9 Uhr treffen sich die beiden Frauen im Wohnzimmer. Seemann auf der Bank, Susanne auf dem Sessel, der Holztisch dazwischen. Seemann sitzt wieder mit ihrer dicken Strumpfhose da. Ist dir kalt? Ja, immer.

Nach dem Vormittagsgespräch ist Susanne einigermaßen verwirrt. Sie kocht Nudeln mit Basilikumpesto, weil ihr nichts anderes einfällt.
Mach jetzt mit dieser Information, was du willst. Seemann schaute sie herausfordernd an. Susanne zerstampft Basilikum aus dem Garten mit Pinienkernen und Olivenöl, gibt Salz dazu, keinen Knoblauch. Den verträgt sie nicht. Sie vermischt das Pesto und den Käse mit den Nudeln, holt Salat aus dem Garten und ruft Seemann. Sie essen schweigend. Nach dem Essen

steht Seemann eilig auf. Ich bin müde, sagt sie und verschwindet. Susanne macht Ordnung in der Küche und setzt sich an den Schreibtisch.

Seemann_2

Als ich mit Weber nach der Hochzeit in meinem neuen Zuhause ankam, verfärbten sich schon die Blätter, und unter dem Nussbaum im Garten lagen die ersten herabgefallenen Früchte. Webers Eltern warteten bereits auf uns, weil wir doch dringend bei der Lese helfen sollten. Da hatte keiner Zeit für Begrüßungsfeste. Die Trauben mussten jetzt abgeschnitten werden, jede Hand wurde gebraucht, auch meine, obwohl ich keine Ahnung von der Arbeit im Weingarten hatte. Ich kam aus der Stadt, und wir kauften Weintrauben im Geschäft. Am liebsten waren mir die großen Trauben ohne Kerne aus Italien.
Wir hatten kaum unsere Koffer ausgepackt, ein paar Möbel verschoben, als wir schon losmussten. Der Weber war grantig. Er wollte lieber Ordnung im Haus machen. Sie gaben mir einen Kübel und eine Weingartenschere, und der Weber bekam eine Butte umgehängt. Ich schnitt die Weintrauben. Die Hände wurden klebrig, der Kübel füllte sich rasch und musste in die Butte geleert werden. Einmal schüttete ich

daneben. Der Weber fluchte, weil die Weintrauben in seinen Halsausschnitt fielen.
Der Weingarten war steil. Ich wurde bald müde, konnte kaum noch aufrecht stehen und war froh, als wir zur Jause gerufen wurden. Vor dem Weingartenhaus waren Bänke und Tische aufgestellt.
Webers Mutter schaute mich mitleidig an und sagte: Du bist es wohl nicht gewohnt, so hart zu arbeiten, aber das wirst du lernen müssen. Wir helfen immer zusammen, hier wird jeder gebraucht. Ich sagte, dass ich es hier sehr schön finde und dass ich mich bemühen werde. Und es sei ja ein so schöner Herbsttag, und die Trauben schmeckten so gut, und in der Stadt hätten wir ja so wenig Ahnung, wie das sei, wenn man die eigenen Früchte ernten könne, aus denen dann so köstlicher Saft und später Wein werde. Das sei so schön, ganz anders, als wenn man die Flaschen ganz einfach aus einem Regal im Supermarkt nehme und zu Hause dann aufmache und trinke.
Webers Mutter schaute mich an: Ja die Städter, sagte sie, die sind so romantisch, aber mit Romantik hat die Arbeit nichts zu tun.
Ich genierte mich ein bisschen, weil ich so geschwärmt hatte. Das passte damals so gar nicht. Aber was sollte ich sagen. Dieses Weingartenhaus stand auf einer kleinen Anhöhe, die Baumpresse wurde von den Männern gedreht, und durch ein kleines Rohr floss

der dunkelrote, süße Saft. Der Saft wurde in Holzfässer gefüllt. Die Fässer standen im Keller, und es duftete. Noch heute habe ich den Geruch in der Nase.
Am späten Nachmittag saßen wir vor dem Haus, und der Speck, das Schmalz und das Brot waren köstlich. Mir taten alle Knochen weh. Wir redeten und lachten, und der Weber saß neben mir und hatte den Arm um mich gelegt. Es war romantisch!
Als wir am Abend heimgingen, rief uns Webers Mutter nach, dass wir die Nüsse aufklauben sollten. Es ist nicht gut, wenn sie zu lange auf der feuchten Erde herumliegen. Sie müssen getrocknet werden. Im Winter brauchen wir sie, zu Weihnachten müssen wir Nussstrudel backen.

Ich meine, Weber war der einzige Mann in meinem Leben, der sich wirklich zu mir bekannte. Er wollte mich, aber er wollte auch alles andere. Ich sollte einfach nur da sein, wie ein Möbelstück im Wohnzimmer. Ich meine, schon ein sehr repräsentatives Möbelstück. Wir zogen in dieses Haus am Land, und ich war plötzlich Hausfrau. Ich hatte mir das ja auch erträumt, aber ich hatte wenig Vorstellung davon. Ich konnte nichts. Ich konnte nicht kochen, ich konnte nicht bügeln, ich wusste nicht, wie man vernünftig auf Vorrat einkauft. Meine Mama hatte das immer alles für mich erledigt und wollte nicht, dass ich auch nur zuschaue. In der Küche machte ich ohnehin alles falsch, ich sollte lieber bei meinen Büchern bleiben und lernen. Sie wollte in ihrem Reich nicht gestört werden, und ich war froh darüber. Aber jetzt stand ich allein da und wusste nicht einmal, wen ich fragen sollte. Meine Schwiegereltern beobachteten mich argwöhnisch. Ich kam nicht aus ihrem Dorf, Weber hatte eine Fremde mitgebracht. Weber war nicht besonders anspruchsvoll, was die Küche betraf, aber er wollte, dass sein Essen zu einem bestimmten Zeitpunkt auf dem Tisch stand. Wenn ihm aber irgendetwas dazwischenkam, tauchte er eben nicht zum vereinbarten Zeitpunkt auf. Da war ihm oft ein Gespräch mit einem Freund oder ein Kartenspiel wichtiger. Ist es denn ein Problem, wenn wir ein paar Stunden später essen?

Ich habe da ein paar Bilder von diesen Jahren vor mir, das meiste habe ich Gott sei Dank vergessen. Wenn Mama und Vati zu Besuch kamen, war das auch kein Vergnügen.

Ich sitze unter dem Nussbaum im Garten und lese. Die Nüsse sind kaum zu sehen. Grün, wie ihre Schale ist, verstecken sie sich im Blätterdickicht. Ich liege in meinem hellblauen Leinenkleid im Liegestuhl. Meine Beine sind hochgelagert. Ich schaue konzentriert in mein Buch, das auf meinen Oberschenkeln liegt. Mich bringt nichts aus der Ruhe, nichts lenkt mich ab. Mein Gesicht ist von meinen herabfallenden Haaren verdeckt. Die Füße sind nackt, die Zehennägel dunkelrot gestrichen. Meine Haut ist sonnengebräunt, ein leichter Flaum bedeckt die Unterschenkel. Mit der rechten Hand blättere ich eine Seite nach der anderen um.

Mein Vater arbeitet im Gemüsegarten. Er steht zwischen den Paradeisstauden, entfernt das Unkraut mit einer kleinen Harke und bindet neue Triebe an den Holzstock, der die Pflanze hält. Die Bindfäden zieht er aus seiner Hosentasche. Er trägt eine blaue Arbeitshose und ein kurzärmliges, hellblaues, fast weißes Hemd. Mein Vater ist ein schlanker Mann, seine grauen Haare sind schütter, mit einem blütenweißen Taschentuch wischt er sich den Schweiß von der Stirn. Die Beete, die er bearbeitet hat, sind ordentlich aufgeräumt. Die Pflanzen stehen in einer Reihe, kein Unkraut ist zu sehen. Der Unkrauthaufen am Rand wächst. Noch hat er einige Meter, die er abarbeiten muss, vor sich.

Durch das offene Fenster des Hauses sieht man in die Küche. Dort werkt meine Mutter. Sie kocht die Lieblingsspeisen ihres Schwiegersohns. Der Tisch vor dem Küchenfenster ist schon gedeckt: ein rot-weiß kariertes Tischtuch, vier Teller, Besteck, Gläser.

Wann kommt er, ruft Mama. Ich zucke mit den Schultern und lese weiter. Das Klappern in der Küche wird immer lauter. Sie kann nicht leise kochen. Sie läuft hin und her, zieht die Küchenladen auf, schüttelt missbilligend den Kopf und beginnt zu ordnen.
Der Lärm aus der Küche, Mamas Seufzer stören das friedliche Bild. Die Bäume und Sträucher, der Gartenzaun werfen immer längere Schatten.
Schließlich ruft Mama: Wir essen jetzt! Sie bringt die Schüsseln aus der Küche. Ich schließe mein Buch, Vati legt seine Harke zur Seite. Wir setzen uns zu Tisch. Mama teilt die Speisen aus und will gelobt werden. Sie steht mit ihrer geblümten Kleiderschürze da, den Schöpflöffel in der Hand. Ihre Dauerwelle hat sie, kurz bevor sie zu Besuch zur Tochter aufgebrochen sind, neu machen lassen. Die Farbe ist Graubraun meliert. Missbilligend schaut sie ihre Tochter an. Du darfst dir nicht alles gefallen lassen, sagt sie zwischen zwei Schöpflöffeln voller Nudelsuppe, die sie in die Teller leert. Ich zucke mit den Schultern. Mein Mann geht mir nicht ab. Ich liebe ihn ohnehin nicht mehr.

Oft war ich abends allein. Dann, kurz nach Mitternacht: Frau, ich bin da.
Weber kommt schwungvoll zur Tür herein. Er drückt mir einen Kuss auf die Wange, verfehlt sie fast, weil ich meinen Kopf rasch wegdrehe. Ich sitze in meinem

Fauteuil, habe die Beine hochgelagert, halte ein Buch in meinen Händen und bemühe mich, nicht von den Seiten aufzuschauen. Weber läuft im Zimmer auf und ab und redet und redet.

Unser Training war heute so gut. Ich habe zwei Tore geschossen, der Fandl hatte keine Chance, ich war pfeilschnell. Und danach haben wir unser Spiel noch genau analysiert. Ich habe heute alles richtig gemacht. Der Vater vom Klepeisz ist schwer krank. Er muss operiert werden. Er hat uns alles ganz genau erzählt. Ich glaube, er ist sehr besorgt.

Ich sage nichts. Ich kenne diese Geschichten schon. Es gibt immer einen guten Grund, warum Weber nicht nach Hause kommt. Jeden Abend sitze ich allein im Wohnzimmer. Was ich mache, was ich denke, was ich gern unternehmen würde, das interessiert ihn nicht.

Weber geht in die Küche. Er schneidet sich ein dickes Stück Brot ab, und dann höre ich, wie er alle Schränke aufmacht und die Türen wieder zuschlägt.

Wo ist die Butter? Hast du keine Butter eingekauft? Und überhaupt, warum kochst du nie etwas Anständiges? Weber wird immer lauter. Wütend kommt er zurück ins Wohnzimmer. Jetzt merke ich auch, dass seine Schritte unsicher sind. Er hat wohl einige Gläser Wein getrunken.

Ich lege mein Buch zur Seite, stehe auf, will das Zimmer verlassen.

Du bleibst hier, redest mit mir, brüllt Weber. Aber da knalle ich die Tür hinter mir schon zu.

Meine Freundinnen, die ich dann doch noch gefunden habe, mochten Weber auch nicht. Hertha und ich kicherten viel und lachten. Kaffee am Nachmittag mit Hertha war der Höhepunkt meines Tages.
Hast du Anni gesehen? Sie hat schon wieder ein neues Kleid! Sehr gewagt, dieser Ausschnitt.
Zum Dampf gehe ich nicht mehr einkaufen. Die waren letztens so unfreundlich.
Die Frau vom Doktor ist so eine gescheite Frau. Wir sollten sie einmal einladen.
Das Kind der Apothekerin ist ein frecher Fratz. Die glaubt überhaupt, dass sie was Besseres ist.
Hast du dir schon diesen neuen Roman aus der Bücherei geholt?
Mama will uns schon wieder besuchen.
Hast du den neuen Bademeister gesehen?

Weber schaut kurz ins Wohnzimmer. Sobald wir ihn bemerken, hören wir auf zu reden.
Was hast du mit dieser Hertha, beschwert er sich am Abend. Mit mir lachst du nie.
Deine Fußballkollegen und deine Kartenspielerfreunde interessieren mich auch nicht, denke ich. Ich sage aber nichts, ziehe die Schultern hoch und gehe.

Ich wollte dann nicht, dass das Kind bei einer lieblosen Familie aufwächst. Wir ließen es meist bei meiner Mutter. Der Weber war da auch ganz einverstanden.

Als Vati starb, war ich sehr traurig. Herzinfarkt. Plötzlich und unerwartet verstorben, stand im Telegramm. Ich schaute auf das dünne Blatt Papier und begriff vorerst nicht. Das kann nicht sein, dachte ich. Gerade noch hat er gelacht, mich umarmt und bis bald gesagt. Herzinfarkt, plötzlich und unerwartet.
Weber wollte mich trösten. Ich konnte aber nur unbeweglich dasitzen, in ein Buch schauen, in irgendein Buch. Du weinst ja gar nicht, sagte er. Und als ich stumm blieb, ging er. Ich komme bald wieder, und weg war er, wie jeden Abend.
Ich war froh, ich blieb lieber allein. Ich saß im Zimmer und sah Vati, wie er lachte, wie er Zeitung las, wie er zuhörte, wie er von seiner Arbeit erzählte, wie er seine Frau beschwichtigte, wie er Kuchen aß, wie er zärtlich über meinen Kopf strich: Du bist meine kleine Prinzessin.

Ich besaß kein schwarzes Gewand. In meinem Kasten hingen dunkelblaue Röcke und weiße Blusen, ein hellgrünes Sommerkleid, aber nichts Schwarzes. Weber und Mama meinten, dass Dunkelblau auch in Ordnung ist, aber ich bestand auf ein schwarzes Kostüm, schwarze Seidenstrümpfe und einen schwarzen Hut. Als die Verkäuferin auch noch einen kleinen schwarzen Schleier am Hut befestigte, war ich sehr zufrieden mit meinem Aussehen.

Vati wäre stolz auf mich, dachte ich. Für ihn will ich perfekt am Grab aussehen, und das heißt nun einmal schwarzes Kostüm, schwarze Seidenstrümpfe, schwarzer Hut mit Schleier.

Weitere vier Mal werde ich perfekt gekleidet am Grab stehen, und genauso perfekt werde ich einmal im Sarg liegen.

Es gab während all dieser Jahre auch schöne Zeiten. Mein allerschönster Urlaub damals war der am blauen Strand. Die Freundin fragte, ob ich nicht mitfahren möchte. Sie hätten noch Platz im Auto, und das Appartement sei auch groß genug.

Weber hatte keine Zeit, aber ich sagte zu. Ich war noch nie am Meer gewesen. Ich war so aufgeregt. Du brauchst nur einen Badeanzug, ein Strandtuch und zwei, drei Kleider für den abendlichen Spaziergang am Strand, beruhigte mich die Freundin.

Die Fahrt war lang. Wir jausneten und sangen, und schon nach ein paar Kilometern verflogen alle meine Sorgen. Wir kamen am Abend in der kleinen Ferienwohnung an, stellten unsere Koffer ab und gingen zum Strand. Ich saß dort in einem der blauen Liegestühle, das Kind lief hin und her, schaufelte den feinen Sand in seinen Kübel, und ich schaute in die untergehende Sonne und glaubte zu träumen.

Ich beschreibe hier eine kitschige Postkarte, aber es war genau so. Wir blieben eine Woche, und zu Hause war wieder alles wie immer. Ich konnte dem Weber nicht einmal von den glücklichen Tagen erzählen.

Aber irgendwann war dieser Alptraum von einem Leben dann doch zu Ende.

Ihr Mann hatte einen Unfall, sagte der Gendarm. Es war ihm unangenehm, mir diese Nachricht zu überbringen. Er stand verlegen vor der Haustür, hatte seine Mütze abgenommen und sagte, dass der Körper meines Mannes bereits beim Leichenbestatter ist. Der Leichenbestatter werde sich mit mir in Verbindung setzen. Und dann fragte er noch, ob er jemanden verständigen solle, jemanden, der mir in dieser schweren Stunde zur Seite stünde. Ich wollte wissen, wo der Unfall passiert war.

Ich stand vor dem eingedrückten Gartenzaun. Ich sah die Spuren der Autoreifen, die sich in den weichen Boden hineingedrückt hatten. Das Auto ist weg, es wurde schon in aller Früh abgeholt, erzählte die Hausbesitzerin, die aus dem Haus geeilt kam, als sie mich in ihrem Vorgarten stehen sah.

Es war furchtbar! Plötzlich dieser laute Knall, ich bin aufrecht im Bett gesessen und habe sofort gewusst, dass etwas ganz Schreckliches passiert sein muss. Barfuß bin ich zum Wohnzimmerfenster gerannt, und da habe ich gleich gesehen, dass unser schöner Gartenzaun kaputt ist. Letztes Jahr im Sommer haben wir ihn erst neu streichen lassen! Aber da war jetzt dieses Auto, es ist auf dem Dach gelegen, die linke Seite vorn war eingedrückt. Da kann keiner lebend drinnen sein, habe ich sofort gedacht. Ich habe schnell meinen Mantel angezogen und die Stiefel – ohne Strümpfe. Meine Haube habe ich nicht aufgesetzt. Es friert jetzt jede Nacht. Spiegelglatt ist die Straße jeden Tag in der Früh, das wird ja auch der Grund gewesen sein, weshalb … Ja, ich bin also raus, aus dem Wagen hat es geraucht. Hoffentlich explodiert der nicht auch noch, hab ich gedacht. Man weiß ja nicht, wegen dem Benzin, meine ich. Es war still, ganz still.
Ich sagte nichts, hörte der aufgeregten Frau zu.
Also, Ihr Mann hat nichts gespürt, der war gleich tot, tröstete mich die Frau. Also der hat nicht leiden müssen. Das haben auch die Sanitäter gesagt, die dann gekommen sind. Ich hab nicht hingeschaut, wie sie Ihren Mann da rausgeholt haben, aber wie gesagt, der hat nicht mehr gelebt, der hat von dem allem nichts gespürt.
Ich hörte der Frau stumm zu, was sollte ich sagen.

Wir haben darauf gedrängt, dass das Auto auch schnell abgeholt wird. Mein Mann will so etwas nicht in seinem Vorgarten liegen haben, dauernd dieses schreckliche Bild vor Augen haben. Das verstehen Sie doch, das würden Sie sich doch auch nicht anschauen wollen? Den Zaun werden wir auch bald reparieren lassen und den Garten wieder herrichten. Das wird wohl die Versicherung zahlen!?
Die Frau war unsicher geworden, weil ich so gar nichts sagte. Ja, die Versicherung wird das sicher zahlen, beruhigte ich sie, drehte mich um und ging.
Ich spürte, wie mir die Frau lange nachsah. Sie verstand wohl nicht, was in mir vorging. Das hat sich jetzt erledigt, dachte ich. Am besten, ich packe gleich meine Koffer und fahre in die Stadt. Mama soll nur kurz zum Begräbnis kommen. Ich will das allein machen, Mama soll sich nicht darum kümmern.
Webers Eltern organisierten das Begräbnis. Eingehängt gingen Mama und ich hinter dem Sarg, dahinter Webers Familie, die Eltern, die Schwester, deren Mann. Webers Mutter weinte laut. Warum gerade er, schrie sie am Grab.
Warum gerade er, überlegte auch ich. Wenn ich einfach gegangen wäre, hätte er sein Leben leben können. Hätte sich eine neue Frau suchen können, die besser zu ihm gepasst hätte. Er wäre zuerst gekränkt gewesen, wer wird schon gern verlassen. Es hätte mir

nichts ausmachen müssen, die Böse zu sein. Ich hätte abweisend sein können, wenn er noch einmal von vorn anfangen hätte wollen, wenn er Besserung gelobt hätte, wenn er mich immer wieder um Verzeihung gebeten und immer wieder beteuert hätte, dass er mich liebe, mich ganz allein.
Aber das war jetzt alles nicht wichtig. Er war mit seinen Freunden unterwegs gewesen, hatte die ganze Nacht Karten gespielt, hatte getrunken und war dann in sein Auto gestiegen. Er war viel zu schnell gefahren, hatte auf der spiegelglatten Straße die Kontrolle über sein Fahrzeug verloren und war in diesen Zaun gekracht und auf der Stelle tot.
Ich stand am Grab: Es war vorbei. Ich konnte nun ein neues, ein anderes Leben in der Stadt beginnen.

Was sich wirklich abgespielt hatte, ahnte niemand. Es war, wie gesagt, eine eiskalte Nacht gewesen. Weber war betrunken mit seinem Auto gefahren, er merkte nicht, dass sich das Bremspedal widerstandslos durchdrücken ließ, das Auto flog aus der Kurve, raste in den Gartenzaun, und er war auf der Stelle tot. Niemand kam auf die Idee, dass hier Fremdverschulden vorliegen könnte, und schon gar niemand dachte, dass die junge, trauernde Witwe dahinterstecken könnte, dass sie alle vier Bremsscheiben und Bremssättel mit Fett eingeschmiert hatte.

(Hier musste Susanne unterbrechen: Seemann, ich muss sagen, der Plan klingt genial, ich glaube dir aber kein Wort.)

Nach dem Begräbnis blieb ich noch ein paar Tage. Fahr nur Mama, ich möchte das hier allein zu Ende bringen.
Im Haus war es still. Ich räumte Webers Kleider in Schachteln. Sein Bruder würde sie abholen. Das Geschirr, der Hausrat, die Bücher kamen in Kisten. Sie würden abgeholt und zu Mama gebracht werden. Die eigene Kleidung passte in zwei Koffer. Viel hatte sich hier nicht angesammelt. Die Tage waren eintönig und lang gewesen, da war wenig Bleibendes mitzunehmen.

Was hatte mich endlich zum Handeln gebracht? Achtzehn Jahre hatte ich gebraucht! Ich hatte gedacht, ich müsse da durch. Ich dachte, mein Leben sei gelaufen. Ich schaltete alles runter. Ich lief durch die Gegend, so lange, bis ich nichts mehr fühlte. Ich saß zu Hause, stand in der Früh auf, machte Frühstück, ging einkaufen, kochte, machte einen Mittagsschlaf, trank mit meiner Freundin Kaffee, las Bücher und Zeitschriften, bis es Zeit war, wieder zu Bett zu gehen. Das war es. Jeden Tag. Ich erwartete nichts mehr. Weber bemerkte mich kaum noch. Nur wenn ich beim Einkaufen etwas länger brauchte als gewöhnlich, fragte er: Wo warst du? Was hast du gemacht? Ich hatte mich so sehr in mich zurückgezogen, dass ich nicht einmal merkte, was für ein unglückliches Leben ich führte. Ich war bereit durchzuhalten, ich erwartete keine Wendung zum Guten. Anscheinend hatte das Leben nicht mehr für mich bereit gehalten. Warum ich es dann doch in die Hand nahm?

(Einen kurzen Moment hoffte Susanne, dass es mit ihr zu tun hatte.)

Es war Webers Chef. Er bestellte mich in sein Büro: Seemann, so geht es nicht weiter. Das ganze Dorf redet schon. Sie dürfen das nicht zulassen. In aller Öffentlichkeit bemüht er sich um diese Frau. Betrunken singt er vor ihrem Haus, und Sie verschließen die Augen. Was denken sich die Leute, was wird da getratscht? Bei diesem Theater dürfen Sie nicht untätig zuschauen. Bringen Sie ihn zur Vernunft! Wenigstens nach außen hin muss alles ordentlich sein.

An einem Sonntag schloss ich die Haustür hinter mir. Ich schleppte zwei Koffer zum Bus. Ich saß in der ersten Reihe, der Buschauffeur half mir mit den Koffern. War es derselbe, mit dem ich vor Jahren angekommen war? Ich drehte mich nicht um, schaute nicht zurück.

Es war ohnehin niemand da, dem ich abgehen würde.

Es ist kurz nach 16 Uhr. Susanne hört Seemanns Freunde aus der Seifenoper sprechen, romantische Musik dringt bis in ihr Zimmer. Jetzt wird sicher getanzt, und man wechselt tiefe Blicke.

In ihrer Mundhöhle, rechts unter der Lippe, die leicht geschwollen ist, spürt Susanne eine Fieberblase. Im Spiegel ist sie kaum zu sehen, aber ihr Fühlen konzentriert sich jetzt ganz auf diese Stelle. Sie ist müde und verschwitzt, sie mag das Zimmer heute nicht mehr verlassen.
Sie liest auf den Seiten ihrer Facebookfreunde. Sieht Urlaubsorte, süße Hunde und Katzen, überfliegt einige Zeitungsartikel. Schließlich legt sie sich ins Bett. Sie will schlafen, keine Sätze mehr hören. Einmal schreckt sie auf, im Traum sieht sie einen eingedrückten Zaun, ein Autowrack und einen Mann, der leblos über seinem Lenkrad hängt, und sie sieht Blut, viel Blut.

Bald kennen die Angestellten der Badeanstalt den Mann mit den karierten Anzügen und grüßen ihn freundlich, wenn er pünktlich mittags um 12 Uhr eintrifft. Mit einem Bademeister, der oft um die Mittagszeit Dienst hat, wechselt er täglich ein paar Worte.

Auf diese Weise lernt er bald dessen Familie kennen: seine Frau, seine kleine Tochter, seinen Bruder und seine Schwägerin. Der Bademeister erzählt oft von der jüngeren Schwester seiner Frau, von ihren dunklen, dichten Haaren, von ihren strahlenden Augen, ihrem Witz und ihrer Schlagfertigkeit. Er scheint ein bisschen verliebt in seine Schwägerin zu sein.

Tag 3

Punkt 7 Uhr ruft Seemann: Frühstück! Susanne zieht einen Schlafmantel, den sie im Kasten des Gästezimmers findet, an, geht in die Küche hinunter und setzt sich an den Tisch. Heute gibt es Kipferl und Kornspitz. Ihre Wünsche werden prompt erfüllt.
Woher wusstest du, wie man Bremsen manipuliert, fragt sie Seemann.
Vati erklärte mir das einmal. Er schraubte doch sehr gern an seiner Maschine herum, und Bremsen funktionieren bei einem Auto ähnlich wie bei einer Maschine.

Um 9 Uhr sitzt Seemann bereits auf der Eckbank. Sie zupft an ihrem Pullover herum, hat sich zusätzlich eine Decke umgehängt, obwohl es angenehm warm im Zimmer ist. Diesmal sind die blickdichten Strumpfhosen rot, besser gesagt weinrot.
Früher war mir nie kalt, sagt sie, aber jetzt kriecht mir die Kälte in die Knochen. Erst heute Morgen, als ich zitternd im Bett lag, dachte ich: So wird das Ende sein. Meine Knochen werden klappern, und rundherum wird es dunkel sein. Ich werde die Erdbrocken hören, die dumpf auf meinen Sarg prasseln. Aber noch ist es nicht so weit. Vielleicht kann ich mein Ende gnädi-

ger gestalten, vielleicht wird mir nach meiner Beichte verziehen. Es kam alles, wie es kommen musste. Ich konnte mich nicht wehren, es passierte.

Möchte sie jetzt auch noch mein Mitleid, denkt Susanne. Gestern ein Mordgeständnis, heute friert sie im Grab!

In den letzten Jahren besuchte Susanne Seemann drei bis vier Mal im Jahr. Sie saßen im Garten, tranken ein Glas Wein, Seemann erzählte komische Geschichten über die Dorfbewohner und berichtete von den neuesten Schicksalsschlägen der Traumpaare aus dem Fernseher. Seemann schien zufrieden mit sich und der Welt zu sein. Und jetzt?

Als ob Seemann Susannes Gedanken lesen könnte, spricht sie plötzlich von Eder, mit dem alles so wunderschön anfing. Er holte sie aus einer tiefen Einsamkeit, aus ihrer Wohnhöhle, die sie nicht mehr verlassen wollte.

Aber bringen wir nichts durcheinander. Zuerst muss ich noch von Jeschofnig erzählen, von Jeschofnig, dem Weiberhelden.

Wortlos bereitet Susanne das Mittagessen zu. Im Tiefkühlfach findet sie eingefrorene Semmelknödel. Dazu gibt es Linsen und Salat aus dem Garten. Gleich nach den Gesprächen mit Seemann fällt es ihr zunehmend schwer, mit Seemann Belangloses zu reden. Sie essen schweigend. Susanne sehnt sich in ihre Wohnung zurück. Worauf hat sie sich da nur eingelassen? Zu Hause könnte sie ihrem geregelten Tagesablauf nachgehen, könnte schreiben, lesen, einkaufen, kochen, spazieren gehen, im Kaffeehaus sitzen und, wenn ihr danach ist, befreundete Menschen treffen. Ans Waldviertel mag sie gar nicht mehr denken. Zu schön wäre das jetzt. Stattdessen hört sie sich diese Verrücktheiten an und schreibt sie auch noch nieder.

Sie kann sich Seemann nur sehr schwer als leidenschaftliche Liebhaberin vorstellen, aber da sitzt sie und erzählt diese abenteuerlichen Geschichten. Nichts scheint Seemann wirklich tief zu berühren. Sie redet, schaut in sich, erinnert sich, redet.

Nachdem Seemann in ihrem Zimmer verschwunden ist, setzt sich Susanne an den Schreibtisch, holt tief Luft und schaltet ihren Laptop ein.

Seemann_3

Wir waren bei meiner Rückkehr zu Mama. Sie wartete schon. Bevor ich läutete, öffnete sie die Tür. Sie zeigte auf mein altes Bett, sie öffnete den Kasten, in dem sie einige Fächer für mich leer geräumt hatte. Wir redeten nicht. Ich wusste nicht, wie es Mama ging. Es war mir auch egal. Ich vermisste meinen Vater sehr.

Ich hielt mich nicht lange in der alten Wohnung auf. Mit Glück und finanzieller Unterstützung meiner Mama, der Sparmeisterin, fand ich ein neues Zuhause. Mit so einer schönen, großen Wohnung wirst du bald einen Mann finden. Mir geht dieser Satz nicht aus dem Kopf. Wer hat ihn gesagt? Die Tante?
Ja, die große, schöne Wohnung damals. Die Fliesen im Bad waren weiß. Ein Zimmer war ein Schrankraum. Im Schlafzimmer stand ein großer Schreibtisch. Im Wohnzimmer ein großes Buchregal, der Esstisch war rund. Die Schuhe versteckten sich im Spiegelschrank, die Vorhänge waren aus weißer Spitze, das Sofa war grün. Die Böden waren aus Holz, die Lampen waren alle aus dem Geschäft an der Ecke.
Ja, es war die Tante, die gesagt hat: Du machst es dir sehr schön hier, da wirst du bald einen Mann haben.

Ich stelle dir Jeschofnig vor, sagte meine Freundin. Er ist ein toller Mann, ich glaube, ich habe mich ein bisschen in ihn verliebt. Komm heute Nachmittag ins Café.
Als er bei der Tür hereinkam, schlug mein Herz plötzlich wie wild. Ich spürte, wie alle Farbe aus meinem Gesicht wich, und dann wurde mir heiß. Er kam zu

unserem Tisch und hatte nur noch Augen für mich. Was wollen Sie trinken? Diesen Kuchen kann ich Ihnen besonders empfehlen! Sitzen Sie bequem? In der kleinen Konditorei merkten alle sofort, was los war. Jeschofnig, der unverbesserliche Frauenheld, hatte wieder ein Opfer gefunden. Meine Freundin war mir in diesem Moment egal. Jeschofnig und ich – wir gehörten zusammen.
Diesmal ist alles ganz anders, sagte er später zu mir. Als ich dich sah, wusste ich, dass du die Eine bist. Ich dachte nicht, dass mir das jemals passieren könnte. Ich schaute ihm tief in die Augen und glaubte ihm.
Ich ließ mich sehr gern von ihm verführen. Eigentlich dachte ich zuerst, dass ich Zeit brauchen würde, dass ich endlich mein Leben leben, nur das tun würde, was ich wollte. Das erste Mal war ich für mich ganz allein verantwortlich. Meine Mama konnte mir nichts mehr dreinreden – obwohl sie das natürlich immer wieder versuchte –, und der Weber hatte glücklicherweise gar nichts mehr zu vermelden, den hatte ich gründlich entsorgt. Ich konnte in meiner Wohnung schalten und walten, wie ich wollte. Manchmal las ich die ganze Nacht durch, dann wieder schlief ich schon nach dem Vorabendprogramm. Manchmal kochte ich, manchmal aß ich nur Schokolade. Ich kaufte Zeitschriften, die man sonst nur beim Friseur liest, ich versenkte mich in Klatschgeschichten rund um

die Königshäuser. Ich las Arztromane, ich aß Wurst ohne Brot, ich trank Bier aus der Flasche, ich wusch das Geschirr erst nach einer Woche oder kurz bevor meine Mama zu Besuch kam. Es war mir allein nie langweilig, und wenn, verabredete ich mich mit meiner Freundin. Ich konnte kommen und gehen, wann immer ich wollte. Niemand fragte, niemanden interessierte es.

Wie sehr liebte ich damals in jenem Frühjahr das Leben. Ich hatte mich von meinem Ehemann befreit, und sogar einen Beruf hatte ich gefunden. Das war gar nicht so einfach. Ich meine, ich war achtunddreißig und hatte noch nie irgendwo gearbeitet. Ich war immer Hausfrau gewesen. Richtig gut kochen hätte ich gern gelernt, aber da war schon meine Mutter die Meisterin. Aber dann zu Allerseelen, als wir wie immer zum Grab meines Vaters gingen, sah ich schon beim Eingang das Schild: Mitarbeiter für die Friedhofsgärtnerei gesucht. Zuerst aber gingen wir mit diesem Riesengesteck, das meine Mutter immer selbst anfertigte, zum Grab. Mutter putzte wie immer zuerst das Grab sorgfältig. Dafür hatte sie extra einen kleinen Besen mitgenommen. Das Gesteck musste genau in der Mitte stehen. Wir zündeten die mitgebrachten Kerzen an, und Mutter seufzte: Wir könnten es noch so schön haben.

Ich weiß nicht, ob sie das ernst meinte oder es so sagte, weil man das eben so sagt.

Am Nachhauseweg las ich das Schild noch einmal ganz genau, nach den Feiertagen bewarb ich mich. Und dort lernte ich dann alles über Blumen, Büsche und überhaupt alle Pflanzen. Diese Berufswahl bereute ich nie, und auch meinem Garten tut dieses Wissen gut. Der Eder mochte diesen Garten so sehr. Jede einzelne Blume, jede Pflanze bewunderte er. Seiner Frau lag ja nichts an dem Grundstück, ohne mich wäre das alles hier verkommen. So ein Garten braucht so viel Liebe und macht so viel Arbeit.
Jeschofnig machte sich oft lustig über mich. Meine kleine Friedhofsgärtnerin, sagte er. Er beschrieb mir genau, wie er sein Grab gern hätte. Viele Vergissmeinnicht wären schön! Wirst du dafür sorgen, dass mein Grab voller Vergissmeinnicht ist? Ich versprach es lachend, und ich halte übrigens mein Versprechen. Im Frühjahr bringe ich ihm immer eine kleine Blumenschale und stelle sie auf sein Grab. Wenn ich wiederkomme, ist sie immer verschwunden, aber ich ersetze sie jedes Mal. Ich habe es ihm doch versprochen.

Aber zurück zu den wunderbaren Wochen davor. Jeschofnig war der Tupfen auf dem i. Ich dachte, glücklicher kann ich nicht werden. Ich war sicher, dass

mein Leben nun die richtige Richtung eingeschlagen hatte.
Ja, Jeschofnig war noch verheiratet, aber das war anfangs kein Problem. Alle Abende verbrachten wir gemeinsam, und dass er jedes Mal nach Hause ging, lag nur am Übergang zum neuen, gemeinsamen Leben, dachte ich. Gemeinsam richteten wir das eine, noch leer stehende Zimmer in meiner Wohnung ein. Jeschofnig steuerte einen wunderschönen, echten Perserteppich bei.

Es kümmerte mich nicht, dass meine Freundin noch immer in ihn verliebt war, es kümmerte mich nicht, dass er verheiratet war, es kümmerte mich nicht, dass mir alle erzählten, dass er ständig auf Abenteuer aus sei und seine Frau immer wieder betrüge, sie aber niemals verlassen werde. Dafür hätte sie zu viel Geld, und er würde seine Bequemlichkeiten niemals aufgeben.
Das Haus seiner Frau war angeblich fantastisch: unzählige Zimmer, ein Schwimmbad, ein eigener Tennisplatz und ein Garten, so groß wie ein Park. Als ich ihn danach fragte, lachte er nur. Ich weiß, dass diese Geschichten herumgehen, aber ich wohne in einer ganz normalen Eigentumswohnung. Die Wohnung ist schön und groß und bequem, aber nicht viel anders als deine.

Ich nahm das sofort als Zeichen. Meine und deine Wohnung sind ganz ähnlich, hörte ich. Warum sollte er dann nicht bei mir einziehen. Der Unterschied war doch, dass ich seine große Liebe war. Keine Minute gab er mir das Gefühl, dass ich nur eine Liebschaft von vielen bin. Ich war etwas Besonderes, ich war die Eine. Alle Wochentagsabende verbrachten wir gemeinsam. Selten gingen wir aus. Ich kochte, probierte besondere Rezepte. Er kam, wenn der Tisch gedeckt war, wenn alles bereit war und wir uns nur noch zu setzen brauchten. Er hatte immer Hunger, genoss die Speisen und wurde nicht müde, Komplimente zu verteilen: Ich, das Essen, die Wohnung, wir alle waren einzigartig. Kaum war die Nachspeise verputzt, landeten wir im Bett. Praktisch den ganzen Tag träumte ich schon von diesen Umarmungen, kein Arztroman konnte unsere Liebe besser beschreiben. Er war so zärtlich, er machte mich so unheimlich glücklich. Ich war selig und konnte nicht genug davon bekommen, ihn zu spüren. Er gab mir die dümmsten Kosenamen. Von Esilein bis Schnuckelchen war alles dabei, und ich fand seinen Einfallsreichtum genial. Oft merkte ich gar nicht, dass er sich irgendwann davonschlich. Du hast so süß geschlafen, sagte er dann am nächsten Tag. Ich küsste dich vorsichtig, aber du hast dich nicht mehr gerührt, da wollte ich dich nicht wecken.

Irgendwann, so hoffte ich, nein, war ich überzeugt, wird er mit seinen Koffern vor der Tür stehen und für immer bleiben.

Einmal trafen wir unverhofft Eder, aber das war mir egal. Eder, wer ist das schon, dachte ich damals.

Eder, bist du das?

Er stand vor meinem Kaffeehaustisch, rot über beide Ohren, und wusste nicht, was er mit seinen Händen anfangen sollte.

Grüß dich! Ich dachte, du bist dort unten, ich meine dort unten im Burgenland.

Ich bin zurück, Eder. Ich habe mich geirrt, ich habe mein Glück dort nicht gefunden. Aber setz dich doch zu mir, sagte ich und deutete auf den Sessel rechts von mir. Setz dich und erzähl. Was hast du gemacht? Wir haben schon so lange nichts mehr voneinander gehört. Bist du noch an der Uni?

Ich habe geheiratet. Gerlinde heißt sie, und wir verstehen uns gut, beeilte er sich zu sagen.

Ah, Gerlinde, sagte ich.

Da kam Jeschofnig bei der Tür herein, küsste mich. Und wer ist er, fragte er. Ich stellte die beiden Männer einander vor: Eder war meine erste große Liebe.

Oh, ich wusste gar nicht, dass ich der Zweite bin, grinste Jeschofnig.

Eder stand auf. Ich gehe, das ist wie in einem Heimatfilm. Er schmiss die Tür laut krachend hinter sich zu.

Hätte er mir gefährlich werden können, flüsterte Jeschofnig mir fragend ins Ohr. Und er wusste ganz genau, dass dem nicht so war.

Du bist die Eine, auf die ich ein Leben lang gewartet habe, sagte er immer wieder. Ich konnte es gar nicht oft genug hören. Er sagte auch, dass er jetzt endlich angekommen sei.

Die Tage waren so leicht. Aber die Freundin war böse, Mama zog die Augenbrauen hoch, der Kollege grinste, die Nachbarn warfen sich bedeutungsvolle Blicke zu. Warum die Verkäuferin in der Bäckerei wusste, dass ich so glücklich war wie nie zuvor, war mir schleierhaft.

Er ist arrogant, sagten sie, er kommt sich gut vor, er glaubt, er ist was Besseres, er nützt Frauen nur aus, er meint es nicht ehrlich. Ich aber war sicher. Was wussten die denn schon alle von Liebe? Wenn sie sehen könnten, wie er mich anschaut, so wie mich noch keiner angeschaut hat. Ich sah mich durch seine Augen und konnte mich plötzlich lieben. Meine Haare, meine Augen, meine Lippen, meine schmale Taille, wie konnte er das alles besingen! Jeden Tag wurde ich schöner. Ich liebte seine Vorträge, wie er mir die Welt erklärte. Er war so viel gescheiter als ich. Plötzlich begriff ich Zusammenhänge, auf die ich allein nie gekommen wäre. Er konnte so herrlich lästern. Er beschrieb unsere gemeinsamen Bekannten, und wir zerkugelten uns vor Lachen. Ich lernte seine Eltern und seine Arbeitskollegen kennen, indem er mir ganze Szenen vorspielte. Er verstellte seine Stimme, ahmte den Gang seines Chefs nach, suchte nervös nach irgendwelchen Zetteln, die seine Sekretärin immer wieder verlegte, war seine besorgte Mutter. Ich saß da, schaute zu und bewunderte ihn. Was hatte ich für ein Glück, was hatte ich für einen großartigen Mann. Ausgerechnet mich hatte er gewählt.

Jeschofnig zeigte mir nicht nur die wahre Liebe – wenigstens glaubte ich das –, sondern er lehrte mich auch, was Kunst ist und wie sie das Leben bereichern kann. Ich meine, Mutter hatte keine Bücher. An Musik im Haus kann ich mich nicht erinnern. Meine Eltern hatten keine Lieder. Wir gingen in kein Museum, und eine Galerie besuchten wir schon gar nicht. An unseren Wänden hingen Fotos, Familienfotos: meine Eltern als ernstes Hochzeitspaar, meine Oma mit ihren Kindern, mein Opa in Uniform. Über dem Bett im Schlafzimmer hing ein Marienbild.

Komm, sagte Jeschofnig eines Tages, fahren wir nach Linz, dort ist die Ausstellung einer sehr interessanten Künstlerin.

Linz? Extra mit dem Zug hinfahren? So weit wollte er fahren, um ein paar Bilder anzuschauen? Wir könnten doch hier in eine Galerie gehen. Das wäre näher, wandte ich ein.

Ach, du bist süß, lachte Jeschofnig und umarmte und küsste mich. Es geht nicht darum, irgendwelche Bilder anzusehen. Wir wollen diese Künstlerin kennenlernen. Es wird ihr Lebenswerk gezeigt. Du wirst sehen, du wirst begeistert sein.

Natürlich sagte ich zu, natürlich war ich zum vereinbarten Zeitpunkt am Bahnhof. Ich wäre mit ihm überallhin gefahren. Ja, und was soll ich sagen: Es war fantastisch. Er öffnete mir die Augen und zeigte mir eine Welt, die ich bisher nicht gekannt hatte. Er zeigte mir, wie sehr Kunst bewegen kann und dass Bilder nicht bloß Dekoration sind. Nicht jedes Bild berührt mich, aber immer wieder begegne ich einem Werk, das Eindruck hinterlässt und mir eine Geschichte erzählt. Ganz nebenbei erklärte mir Jeschofnig Techniken, redete über Farben und Formen, und ich hörte begeistert zu. Ich wusste schon, dass er gern dozierte, dass er sich gern reden hörte, aber ich mochte das und hing an seinen Lippen. Ich wollte dann sogar selber malen, Farben ausprobieren und zeichnen. Ich wollte mich bei einem Kurs in der Volkshochschule anmelden. Da lächelte er spöttisch. Ach, bist du süß, sagte er wieder, dieser Dilettantismus hat doch nichts mit Kunst zu tun! Ich war ihm nicht böse, ich musste ihm ja recht geben, in gewisser Weise war ich naiv.

Es waren wunderbare Jeschofnigtage. Wenn ich zurückdenke, sehe ich immer nur blauen, wolkenlosen

Himmel und spüre warme Sonnenstrahlen auf meiner Haut. Jeschofnig und heiße Sommertage.

Aber als ich ihn das letzte Mal traf, war es Winter. Warum wollte er sich genau dort treffen?

In der Früh lag ein Brief in meinem Postkasten. Die Nachricht war kurz und bündig.

Heute um 19 Uhr bei unserem Felsen.

Mein Herz hüpfte. Unser Felsen, schrieb er.

Tagelang hatte er nichts von sich hören lassen. Am Montag war er noch so zärtlich gewesen. Er war länger als gewöhnlich geblieben. Ich hatte schon insgeheim gehofft, dass er die ganze Nacht bleiben würde, aber dann war er doch aufgestanden. Fast hätte er sich heimlich davongeschlichen, aber dann küsste er noch einmal mein Haar. Ich war ein bisschen enttäuscht. Wie lange brauchte er noch, um sich vor aller Welt zu mir zu bekennen. Mein Herz gehört dir, behauptete er doch immer wieder.

Nach den einsamen Tagen des Wartens dann dieser schmale Zettel: Um 19 Uhr bei unserem Felsen.

Dort hatten wir im Sommer viele Abende verbracht. Wir hatten in den dunkel werdenden Himmel geschaut, sahen, wie die Lichter der Stadt langsam angingen. Sterne sahen wir selten, dazu war die Luftverschmutzung zu groß.

Ich wusste nicht, was dieser Zettel zu bedeuten hatte. Ich sagte ein Treffen mit meinen Freundinnen ab,

zog Mantel, Haube, Handschuhe, dicke Strumpfhosen und feste Schuhe an. Beim Hinaufgehen fror ich nicht. Da oben kann es auch im Winter romantisch sein, dachte ich. Auch bei Minusgraden. Der Himmel war an diesem Abend ungewöhnlich klar, und die Sterne funkelten, wie ich es hier noch nie gesehen hatte. Er wartete schon. Er stand ganz am Rand des Felsens und schaute in die Ferne. Er hörte mich nicht kommen und erschrak, als ich ihn leicht an den Schultern berührte. Er nahm mich in seine Arme und küsste mich, als ob es um sein Leben ginge.
Wuschelchen, sagte er leise und zärtlich.
Was ist, Jeschofnig? Es schnürte mir die Kehle zu, mein Herz schmerzte, und da wusste ich plötzlich, was nun kommen würde. Er hätte sich all diese letzten Worte sparen können.
Wir werden uns nicht mehr treffen. Es bricht mir das Herz, aber ich kann meine Frau nicht verlassen. Sie braucht mich.
Da schoss eine Welle der Empörung durch meinen Körper. Ich trat einen Schritt zurück und warf mich mit aller Wucht gegen diesen Mann. Jeschofnig rechnete nicht damit, verlor das Gleichgewicht und stürzte in die Tiefe.
Ohne mich umzuschauen, drehte ich mich um und rannte zu dieser Geburtstagsfeier, die ich schon abgesagt hatte. Jede Geburtstagsfeier hatte ich in den letz-

ten Wochen versäumt. Ich hatte mich entschuldigt: Ich habe so viel um die Ohren, oder ich habe lästigen Schnupfen, oder ich bin müde, und meine Mama brauchte mich dringend.

Aber nun rannte ich zu dieser Feier, kaufte unterwegs einen Riesenblumenstrauß und eine Bonbonniere, was nicht besonders einfallsreich war. Ich kam kaum zu spät, umarmte meine Freundin innig, und auf ihr Erstaunen, dass ich wirklich aufgetaucht war, obwohl sie doch gar nicht mit mir gerechnet hatte, sagte ich, dass ich den Geburtstag meiner allerbesten Freundin doch niemals auslassen würde. Ich sah, wie sehr sie das freute, und leise fragte sie, was Jeschofnig dazu gesagt habe. Sie habe ihn extra nicht eingeladen, weil dann hätte sie doch auch seine Frau einladen müssen, und das wollte sie mir nicht antun. Ich erwiderte, dass er und ich sehr glücklich miteinander seien, aber an diesem Abend sei mir meine Freundin wichtiger, wiederholte ich. Ich setzte mich ans Ende der Tafel, ich unterhielt mich gut, verdrängte die Szene am Berg, und bald hörte ich den Schrei und diesen dumpfen Aufprall nicht mehr. Damit wollte ich mich später beschäftigen, jetzt sollten alle sehen, dass ich da war und dass ich gut aufgelegt und glücklich war.

Und es gelang mir ganz offensichtlich. Niemand verdächtigte mich jemals. Der Jeschofnig konnte auch nichts mehr erzählen. Er fiel so unglücklich, dass er sich dabei das Genick brach und wohl auf der Stelle tot war.

Bei seinem Begräbnis sah ich die trauernde Witwe. Sie war blass und sah müde aus. Ich war ganz in Schwarz gekleidet und hatte einen kleinen Schleier vor dem Gesicht. So wie damals bei Webers Beerdigung. Ich weiß nicht, ob sie wirklich traurig war, dass sie diesen Hallodri los war. Ich jedenfalls war traurig, ich spürte den Schmerz bis in die Fingerspitzen. Ich dachte, nie wieder wird mir so eine Liebe begegnen.

Seemann, du schaust zu viele Serien, sagt Susanne. Was erzählst du da?

Ja, ich weiß, das traute mir keiner zu. Niemand kam auf die Idee, dass ich mit diesem Felssturz irgendetwas zu tun haben könnte.
Die lokalen Zeitungen waren damals voll mit Meldungen über diesen unerklärlichen Unfall. Niemand aus seinem unmittelbaren Bekanntenkreis konnte sich einen Freitod vorstellen. Er war doch so ein lebenslustiger Mensch gewesen. Seine Probleme löste er üblicherweise mit leichter Hand. Er machte sich nicht viele Gedanken, ob er mit seinen Handlungen jemanden verletzen könnte. Aber danach sah es aus.

Am Felsvorsprung waren keinerlei Kampfspuren zu sehen. Er hatte offensichtlich einen Schritt zu viel gemacht.
Die Polizei befragte damals auch mich, aber ich war nur eine seiner vielen Liebschaften. Sie trauten mir nicht zu, dass ich mich gewehrt haben könnte.

Am Nachmittag traf Susanne Seemann im Garten. Jetzt hat diese Schlange Ariane Josie entführt, und Vanessa ist bei einem Ausflug in ein Erdloch gefallen und kann sich nicht mehr selbst befreien. Ich weiß ja, dass alles gut ausgehen wird, Paul wird Josies Aufenthalt spüren, und Vanessa wird auch gefunden werden, bevor sie verdurstet. Aber spannend ist es. Ich bin einfach verblüfft, was diesen Drehbuchschreibern immer wieder einfällt. Im wirklichen Leben säße mindestens die Hälfte der Darsteller im Gefängnis, niemals würden sie mit ihren Schwindeleien und Verbrechen davonkommen.

Susanne sagt nichts. Quer über Seemanns Wange zieht sich ein dicker Kratzer.
Ach, das waren die Rosen. Ich war unachtsam. Im Spiegel habe ich schon gesehen, wie ungeschickt ich im Alter geworden bin. Ich habe mein Spiegelbild beruhigt: So schlimm schaut das auch wieder nicht aus, und bis du heiratest, ist es wieder gut. Seemann lach-

te, einmal heiraten ist mir schon gelungen, zweimal nicht, aber wer weiß, was in meinem Leben noch alles passiert.

Im Bett liest Susanne noch über die Teuerungen, die uns ins Haus stehen. Niemand scheint einen Plan zu haben, wie wir im Herbst und Winter mit den hohen Energiekosten umgehen sollen. Getreide aus der Ukraine kann noch immer nicht exportiert werden, Hungersnöte drohen, unser ehemaliger Tennisstar gewinnt ein Erstrundenmatch in Båstad. Båstad ist eine Küstenstadt in Schweden.

Eines Tages fragt der Bademeister den Mann mit dem karierten Anzug, ob er ihn kurz vertreten könnte. Er müsse seine kleine Tochter vom Kindergarten abholen, es sei gerade ohnehin nicht sehr viel los, und er vertraue darauf, dass er aufmerksam genug sei und niemanden im Schwimmbecken ersaufen lassen werde. Er setzt ihm die Bademeistermütze auf und hängt ihm die Trillerpfeife um den Hals. Das ist der Beginn der Bademeistertätigkeit des Mannes mit dem karierten Anzug.
Seinen Tag beginnt er seither im Kaffeehaus. Nach dem Durcharbeiten der Tageszeitungen fährt er mit der Straßenbahn ins Schwimmbad, und nach seinen täglichen Trainingseinheiten hängt er vier bis fünf

Mal die Woche den Aufsichtsdienst an. Nachmittags besucht er Museen, probiert die schönsten Lokale mit den besten Bewertungen aus, gegen Abend besucht er die Oper, das Theater oder ein Kino. Wenn das Wetter schön ist, durchstreift er die Stadt zu Fuß. Gern sitzt er auch bei untergehender Sonne beim Heurigen. Bald denkt er, dass er nun ein richtiger Wiener ist, und schreibt das auch seinen Eltern. Seine Mutter freut das, war doch ihre Großmutter vor vielen Jahren aus der Stadt vertrieben worden. Der Urenkel erobert nun die Stadt zurück!

Tag 4

Seemann empfängt Susanne sehr unglücklich am Frühstückstisch. Ihre Haare stehen wirr am Kopf: Im Garten ist plötzlich alles voller Birkenwanzen. Winzige Tiere, die ausschauen wie Mücken. Überall sind sie, dicht gedrängt sitzen sie auf dem Gartentisch, den Liegestühlen, auf der Hauswand. Wann werden sie ins Haus kriechen? Meine Bluse war voller kleiner schwarzer Punkte, als ich kurz das Haus verließ und die Zeitung holte. Seemann schließt alle Fenster. Kein Lächeln um den Mund, die Mundwinkel ziehen samt Falten nach unten. Die Augen schauen starr aus den runden Brillengläsern.
Susanne hat noch nie von Birkenwanzen gehört. Was kann man dagegen tun, erkundigt sie sich.
Gar nichts. Vor ein paar Jahren hatte ich das schon einmal. Der Gärtner meinte, ich solle nur Geduld haben. Und es war wirklich so, nach zwei Tagen war der Spuk vorbei. Ich mag diese Monster nicht. Jetzt können wir das Haus nicht verlassen!

Um 9 Uhr sitzt Seemann frisiert und ordentlich gekleidet im Wohnzimmer. Ihre weiße Bluse strahlt. Wir lassen uns nicht unterkriegen, sagt sie. Zwei Tage halten wir durch.

Die Wanzen drücken aufs Gemüt. Sie reden nicht viel beim Essen. Morgen werden es nicht mehr so viele sein, sagt Seemann. Susanne verschwindet rasch in ihrem Zimmer, nachdem sie die Teller in den Geschirrspüler geräumt hat. Auf den Fensterscheiben vor ihrem Schreibtisch kleben kleine schwarze Punkte.

Seemann_4

Heute Nacht besuchte mich Jeschofnig. Könntest du mir bitte mein Herz zurückgeben, es ist so leer in meiner Brust, hörte ich seine Stimme sagen.
Ja, komm vorbei. Es ist im Marmeladenglas, links hinten im Kühlschrank.

Als Jeschofnig weg war, räumte ich meine Wohnung auf. Alle unnötigen Dinge warf ich weg, verpackte sie in große schwarze Säcke. Überflüssiges Geschirr und überflüssiges Gewand kamen weg. Ich sortierte Bücher aus. Ich vernichtete alte Briefe. Andenken, die nicht im Kopf sind, müssen nicht aufbewahrt werden. Viel zu viel Kleidung hing und lag im Kasten. Vier Paar Schuhe sind genug. Alte Handtücher kamen weg. Alte Bettwäsche kam weg, zwei Garnituren sind genug. Die schwarzen Säcke füllten sich, die Wohnung wurde leer.

Es musste ausgemalt werden. Herr Köpke aus dem Kaffeehaus hatte Zeit. Gleich am nächsten Tag begann er mit der Arbeit.

Pünktlich um 8 Uhr stand er vor der Tür. Zuerst muss alles abgedeckt werden, sagte Köpke. Er hatte Plastik und Klebebänder mit. Er wollte nicht, dass ich helfe. Gehen Sie doch spazieren, sagte Köpke.

Als ich am späten Abend wieder nach Hause kam, hatte die Wohnung eine zweite Haut. Alles war hinter Plastik verschwunden.

Wenn ich hier fertig bin, räume ich alles wieder weg, und Sie müssen nicht putzen, sagte Köpke sehr zufrieden mit sich selbst.

Ich gab ihm Geld für Farbe und Pinsel.

Bis morgen, sagte Köpke, und weg war er. Ich sah ihn nie wieder. Jede Bewegung in der Wohnung war von einem Knistern und Knacksen begleitet. Ich fand die Wohnung, die sich hinter dem Plastik schemenhaft abzeichnete, interessant, aber ich wusste, dass dieser Zustand nicht von Dauer sein konnte. In der Nacht träumte ich.

Köpke blieb verschwunden. Plötzlich, im Finstern der Nacht, tauchte er wieder auf. Köpke? Bist du da? Keine Antwort. Ich versuchte, mich an den Mann zu erinnern. Er war groß und hager. Er hatte dunkles, gewelltes Haar und eine gebogene Nase. Seine Finger waren gelb vom Nikotin, er hatte immer eine Zigarette in der Hand oder er zog hastig daran. Er trug einen weißen Malermantel, und auf seinem Kopf saß eine weiße Kappe.

Ich fragte im Kaffeehaus nach, aber auch dort wurde er nicht wieder gesehen. Vielleicht sitzt er wieder, vermutete der Ober, oder er wurde abgeschoben, er ist Deutscher.

Ich weiß nicht mehr, wie lange ich diese knisternde Wohnung hatte. Ich war kaum zu Hause. Ich spazierte in der Gegend herum und dachte, dass ich unbedingt Haus und Garten brauche. Ich hatte keine Ahnung, wo es stehen, wie es ausschauen sollte, aber ich war sicher, dass ich es eines Tages finden würde.
Ich hatte es nicht leicht. Aber Hindernisse und Schwierigkeiten aus dem Weg räumen war meine Spezialität. Nach jeder Niederlage stand ich auf. Ich würde mein Haus finden, da war ich sicher.

Meine Farben sind Schwarz und Grau. Auf meiner Wäscheleine hängen schwarze Blusen neben schwarzer Unterwäsche neben schwarzen Hosen neben schwarzen Socken. Meine Schuhe sind grau. Rot wäre auch schön. Meine Haare haben sich längst meinen Schuhen angepasst.

Zuerst setzten Eder und ich Paradeispflanzen. Wir gruben kleine Löcher, stellten die Pflänzchen sorgfältig hinein, füllten die Löcher mit Erde, gossen sie. Abends saßen wir oft draußen, schauten in die untergehende Sonne. Ich mochte es, wenn Eder sich vor mich stellte und beschrieb, was er sah. Er trat dann einen Schritt zurück: Ich sehe ein altes, kleines Bauernhaus mit weißer Hausmauer und kleinen Fenstern. Das Haus steht am Waldrand, rundherum sind Bäume, ich stehe auf einer kleinen Rasenfläche. Der Himmel ist graublau, es dämmert bereits. Schwach tauchen Sterne auf. Vor dem Haus steht ein Tisch, eine Bank, zwei Stühle. Die Möbel sind aus massivem Holz, sie könnten einen neuen Anstrich brauchen. Auf der Bank sitzt eine Frau. Ich kenne diese Frau schon sehr lange. Ich erinnere mich an einen Jännerabend. Sie trug einen roten Mantel. Ihr Haar war länger als jetzt. Ihre Augen sind immer noch so blau. Sie lacht. Sie spricht nicht sehr viel, ich wüsste oft gern, woran sie denkt. Auf dem Tisch stehen zwei Gläser Wein. Ich werde mich nun wieder zu ihr setzen.

Hier unterbrach Susanne Seemann. Wolltest du mir nicht deine Geschichte von Anfang bis zum Ende erzählen? Hier kommt nun einiges durcheinander. Eder ist plötzlich da, dieses Haus ist plötzlich da. Wie kam es dazu? Wir waren zuletzt bei deiner Wohnung, bei den mit Plastik verpackten Möbeln, den abgedeckten Böden und Fenstern und deinem Wunsch nach einem Garten.

Ja, damals kam eine schwierige Zeit auf mich zu, sagt Seemann. Es ist nicht einfach, darüber zu erzählen. Ich hatte wieder so viele Migräneanfälle. Schon als Kind hatte ich sie. Es fing mit meinem ersten Kinobesuch an. Ich war überwältigt von der riesengroßen Kinoleinwand. Das erste Mal saß ich in dem dunklen Saal, gleich in der ersten Reihe. Ich musste meinen Kopf weit nach hinten legen, damit ich die verzerrten Menschenleiber, die da sangen und tanzten und redeten, sehen konnte. Ich lachte und weinte und ängstigte mich. Ich war mittendrin und saß doch auf dem harten Kinostuhl. Mein Nacken wurde immer steifer, die Augen brannten, im Mund machte sich ein bitterer Geschmack breit. Ich brauchte einige Minuten, bis ich wieder zu mir kam, als das Licht im Saal angegangen war.
Es stach im Kopf, und als ich taumelnd ins Freie kam, blendete die Sonne, ich konnte mich gerade noch in die nächste Ecke beugen, und mit einem Schwall kam mein Mittagessen hoch: Schnitzel mit Reis. Mutter nahm mich bei der Hand. Komm, wir gehen nach Hause. Sie zog mich schnell von den anderen Kinobesuchern weg.

Seither hatte ich diese Anfälle regelmäßig und nach
Jeschofnigs Tod häufig.
Oft lag ich im Bett und konnte mich nicht rühren,
weil sich die Magenwände bei jeder Bewegung zu-
sammenzogen und Brechreiz auslösten. Doch diese
Zeiten sind längst vorbei. Heute tun mir nur noch die
Knochen weh.

Aber von Eder wollte ich berichten. Ich kannte ihn ja
so lange, irgendwie schon immer. Wenn ich von der
Schule nach Hause kam, saß er schon am Küchentisch bei Mama.
Hallo Mama! Ich gab Mama ein Bussi auf die Wange.
Oh, war das wieder langweilig. Ich muss heute soooo
viel lernen und ich bin sooo hungrig. Was gibt es?
Es gibt Eiernockerl, sagte Mama. Und schau, Eder ist
auch da. Er isst heute mit uns, weil er doch Eiernockerl so gern mag. Nachher mache ich euch Schoko-
ladenpudding.
Erst jetzt bemerkte ich Eder. Ach, du bist auch da.
Habt ihr schon früher ausgehabt?

Mama war ja schon immer vom kleinen Eder begeistert. Vielleicht, weil er der Sohn des Chefs war? Als
sie dann krank wurde und nicht mehr allein wohnen
wollte und bei mir einzog, war sie glücklich, dass ich
mir Eder geangelt hatte, und es schien sie nicht ein-

mal zu stören, dass er verheiratet war. Ich erinnere mich an so viele Geschichten, wie sie mich schon als kleines Mädchen mit Eder verkuppeln wollte. Über die Zirkusgeschichte haben Eder und ich später noch sehr viel gelacht. Mama wollte damals, ich war ungefähr zwölf Jahre alt, mit mir unbedingt in den Zirkus gehen. Das war erstaunlich, weil sie doch jeden Geldschein zweimal umdrehte, bevor sie ihn ausgab, und Zirkus fiel nun wirklich nicht in die Kategorie lebensnotwendig. Papa musste zu Hause bleiben, das Geld für drei Karten wollte sie auf keinen Fall ausgeben. Mama ging mit mir dorthin, weil sie wusste, dass auch der kleine Eder mit seiner Mutter dort sein würde.

Es war ein kleiner Zirkus, keiner von den berühmten großen, aber mich beeindruckte er tief. Die Luftakrobatin gefiel mir. Sie wirbelte unter dem Dach des Zirkuszeltes herum, schwang sich auf Seilen durch die Lüfte, schlug Salti, und wir alle, das Publikum, hielten den Atem an. Es war still im Zelt. Nur der Zirkusdirektor, der aufgeregt in der Manege herumlief, rief immer wieder: Meine Tochter Ursula! Stolz und Sorge waren aus seiner Stimme zu hören. Meine Tochter Ursula! Jede ihrer Bewegungen begleitete er am Boden mit seinen Händen, und als Ursula wieder gesund und munter am Boden stand, nahm er sie in seine Arme und warf ihr einen glitzernden Mantel mit langer Schleppe um die Schultern.

Mama achtete ständig darauf, dass ich neben dem Eder sitzen blieb, und in der Pause stellten wir uns mit dem kleinen Eder und seiner Mutter beim Buffet an. Mama redete auf Frau Eder ein, sagte, dass sie ihre Tochter nicht solchen Gefahren aussetzen würde. Sie erzählte, wie brav ich sei und wie fleißig ich in der Schule lerne und dass sie so froh sei, dass ihre Tochter mit dem kleinen Eder einen so guten Freund gefunden habe. Ich bekam eine Sinalco und war selig.
Nach der Pause sahen wir noch die Clowns und die Ponys und Akrobatinnen mit Hula-Hoop-Reifen.
Schon ziemlich gegen Ende der Darbietungen kam der Messerwerfer. Er trug einen rot schillernden Anzug und schleppte einen Koffer, den ihm der Clown immer wieder wegnehmen wollte. Schließlich öffnete er den Kasten, und da lagen elf silberglänzende Messer. Er präsentierte sie stolz, und der Clown stöhnte laut, weinte fast, und bald wussten wir, warum. Tochter Ursula erschien plötzlich vor einer mit Scheinwerfern beleuchteten Wand. Sie grüßte und winkte nach allen Seiten und stellte sich dann ruhig mit ausgebreiteten Armen hin. Der rot glitzernde Mann nahm ein Messer in die Hand. Der Clown heulte auf, wurde aber mit bestimmter Geste in die Ecke verwiesen, und

dann ging es los. Elf Messer, eines nach dem anderen, warf der Mann in Richtung Ursula. Laut wurde mitgezählt: eins, zwei, drei ... bis elf. Nach jedem Wurf seufzte das Publikum erleichtert. Schließlich, als Ursula von den Messern umrahmt war, brach tosender Applaus los. Wir alle, und natürlich auch der Clown, waren unendlich erleichtert, dass nichts passiert war.

Als wir nach Hause gingen, waren Mutter und Sohn Eder und Mama und ich sehr aufgekratzt. Welche Akrobatin wärst du denn gern, fragte mich Mutter Eder. Der Messerwerfer, schoss es aus mir. Du meinst Ursula, die umrahmt wurde, sagte meine Mama schnell. Nein, nein, ich will die Messer werfen. Eins nach dem anderen und haarscharf zielen. Frau Eder rollte mit den Augen, nahm ihren Buben bei der Hand und zog ihn ein bisschen von mir weg. Meine Mama schaute mich grantig und böse an.

Ach, der kleine Eder. Ich hätte mich nicht erst später auf ihn einlassen sollen. Ja damals, gleich damals hätte ich mich für ihn entscheiden sollen. Da hatte die Mama schon recht. Und jetzt mag ich nicht mehr. Lassen wir es für heute sein. Es wird nicht besser.

Da die Birkenwanzen den Aufenthalt im Garten nicht zulassen, sitzen sie am Abend noch eine Weile am Küchentisch. Möchtest du etwas spielen? Karten? Mensch ärgere dich nicht? Nein, sagt Seemann, ich gehe schlafen.

Susanne geht nach oben. Im Zimmer steht ein kleines Bücherregal. In der letzten Reihe, ganz unten, entdeckt sie alte Kalender. Zwanzig Kalender stehen da, fein säuberlich nach den Jahren sortiert. Wahllos nimmt sie ein Jahr, schlägt es auf: Heute war ich beim Friseur. Sie blättert, und dann das: Es regnete, wir lagen im Zimmer unter dem Dach, die Tropfen trommelten ans Fenster. Große Leidenschaft. Susanne stellt den Kalender rasch zurück.

Sie will weg aus diesem Haus, wenigstens gedanklich, schaltet das Radio ein. Nach einer Diskussion unter dem Titel „Wir werden alle ärmer werden" versucht sie sich die Auswirkungen, die die Teuerungen haben werden, vorzustellen: Ich werde nicht immer alles zur Verfügung haben, so, wie ich es bis jetzt gewohnt war. Ich werde nicht unbegrenzt Energie verbrauchen können. Manchmal werden Supermarktregale leer sein. Die Schlangen vor den Gratisausgaben für Mahlzeiten werden immer länger werden. Ich werde keine Urlaube planen. Und schon setzt ihre Fantasie wieder aus – noch immer sind es die anderen, die hungern und frieren.

An einem Mittwoch trifft der Mann mit dem karierten Anzug die Schwägerin des Bademeisters im Schwimmbad. Er ist von dieser Frau sofort hin- und hergerissen. Der Bademeister hatte nicht umsonst von ihr geschwärmt. Er stellt sich als Freund des Bademeisters vor, erzählt, dass er ihn manchmal vertritt und dass er so ganz nebenbei schon eine Menge über sie und ihre Familie erfahren habe. Neu ist ihm allerdings, dass die Schwägerin in einem Blumenladen ganz in der Nähe arbeitet. Er kündigt sofort einen baldigen Besuch an.

Zuerst jedoch entdeckt der Chef des Bademeisters, dass sich dieser öfter durch einen Badegast vertreten lässt. Es folgt eine wilde Schreierei, der Chef läuft dunkelrot im Gesicht an, der Bademeister blickt betreten zu Boden. Der Mann mit dem karierten Anzug mischt sich nicht in den Streit ein und ist froh, dass der Bademeister seinen Job letztendlich behalten darf. Seine Aufsichtsstunden sind damit beendet, was ihn traurig macht, da er nun wieder keine wichtige Aufgabe hat. Der Bademeisterfreund traut sich kaum noch mit ihm zu reden.

Stattdessen besucht er nun regelmäßig die Blumenschwägerin und hat bald ein neues Betätigungsfeld. Er hilft im Blumengeschäft. Ihr Name ist Viola, und er findet, dass es keinen passenderen gibt. Viola ist samt und seidig, und ihr fröhliches Lachen lässt ihn ganz weich werden. Sie zeigt ihm, wie man schöne Blumensträuße bindet, erklärt ihm, welche Blumen besonders gut zusammenpassen, und bald kennt er alle Namen und weiß über Besonderheiten der Pflege Bescheid. Er ist froh, dass sich nie ein Chef blicken lässt.

Sie bewundert seine Anzüge und freut sich, wenn er wieder mit einer neuen Karovariante bekleidet ist. Er bittet seine Mutter, ihm alle karierte Kleidung, die sie auftreiben kann, zu schicken. In Wien findet er nicht so viel Kariertes.

Es gibt einen kleinen Wermutstropfen. Viola ist verheiratet. Sie informiert ihn darüber nur kurz und nebenbei, danach wird der Ehemann nie wieder erwähnt. Er beschließt, die Existenz des Ehemannes zu ignorieren. Er kleidet sich weiterhin sorgfältig mit seinen karieren Hosen und Jacken und lädt Viola ein. Sie besuchen Restaurants, Opernaufführungen, Theaterstücke und Kinofilme. Er besucht sie in ihrer Wohnung. Dort ist wenig von ihrem Mann zu bemerken. Hie und da vergisst Viola, einen Männerhausschuh zu verräumen, oder es liegt eine Jacke am Sofa, die Viola rasch verschwinden lässt. Ihr Mann arbeitet wohl im Gastgewerbe, er hat unregelmäßige Dienstzeiten. Die Besuche richten sich nach dem Dienstplan des Ehemannes.

Wenn der Mann mit den karierten Anzügen frühmorgens die Wohnung verlassen muss, setzt er sich in den angrenzenden Park, raucht genüsslich eine Zigarette und beobachtet die Leute, die so früh in die Arbeit hasten. Viola passt perfekt in sein Leben. Er macht sich keine Gedanken um die Zukunft. Die Gegenwart und die Zukunft in den Zeitungen sind schlimm genug.

Susanne hätte gern noch ein paar Sonnenuntergänge, noch mehr Unbeschwertheit und Sorglosigkeit in ihre Geschichte geschrieben, noch mehr unbeschwerte Kindheit, noch liebevollere Eltern, umsorgende Erwachsene, reichlich Schulbildung, problemlose Universitätslaufbahn und diese große Liebe in Wien. Aber sie ist müde, sie muss schlafen. Zwei Seemanntage stehen noch bevor.

Tag 5

Pünktlich um 7 Uhr gibt es wieder Frühstück. Seemann ist noch im Schlafmantel. Hat sie verschlafen? Wie immer nach dem Frühstück duscht sich Susanne, macht sich bereit für den Tag. Zwei Seemanntage noch, geht es ihr immer wieder durch den Kopf. Diesmal ist sie die Erste im Wohnzimmer. Sie legt ihr Notizheft auf den Tisch und wartet.

Seemann erscheint im schwarzen Ballkleid. Schwarze Spitze, am Körper anliegend, Dreiviertelärmel, runder Halsausschnitt. Das Kleid ist bodenlang. Siehst du dieses wunderschöne Kleid? Ich wollte es dir unbedingt zeigen.
Seemann redet lange, hört nicht auf, Susanne möchte sie mehrmals unterbrechen. Es reicht, denkt sie. Zum Schluss möchte Seemann ihr auch noch das Kleid schenken: Du kannst es haben, wenn du möchtest. Es passt dir sicher. Es wäre bei dir nicht bodenlang, aber meine und deine Figur sind sehr ähnlich.

Während Seemann sich umzieht, bereitet Susanne Kräuteromeletts zu. Kräuter wachsen genügend im Garten und der unvermeidliche Salat natürlich auch. Ich könnte mich an deine Kocherei gewöhnen, schmatzt Seemann ziemlich laut. Susanne mag sich nicht an sie gewöhnen und zieht sich wieder an ihren Laptop zurück.

Seemann_5

Ich entdeckte dieses Kleid in der Auslage einer kleinen Schneiderei und wollte es sofort haben. Wie verzaubert stand ich vor dem Schaufenster und stellte mir vor, wie ich mit diesem Kleid durch den Ballsaal gleiten könnte und alle Blicke auf mich ziehen würde. Ich wünschte mir doch schon so lange, auf einen richtig großen Ball zu gehen. Mit diesem Kleid über die große Festtreppe zu schweben – das war mein Traum, das wäre mein großer Auftritt. Es vergingen allerdings ein paar Jahre, bis ich schließlich bereit war, mir diesen Traum zu erfüllen. Ich ging in die Schneiderei und beschrieb das Kleid, das ich in der Auslage gesehen hatte.
Die Chefin wusste sofort, wovon ich sprach, und war über den Auftrag höchst erfreut. Man darf nicht alle Tage so ein besonderes Werkstück herstellen. Die Anschaffungskosten für die Kundin sind ja recht hoch: der Stoff, die Spitze, die Maßanfertigung. Sie werden aber viel Freude damit haben. Der Entwurf ist wie für Sie gemacht.

Was waren schon die Anproben für eine Freude! Letztendlich passte das Kleid wie angegossen, wie du sehen kannst.

Ich besorgte Schuhe mit nicht zu hohen Absätzen, wollte ich doch die ganze Nacht auf dem Opernball tanzen. Nach dem Ballkleid besorgte ich auch zwei Eintrittskarten und nach längerem Überlegen einen Tischanteil im sechsten Stock. Man braucht doch schließlich auch einen Platz, an dem man sich ausruhen kann. Bis zum großen Tag stand ich fast täglich vor dem Spiegel, bewunderte mich und freute mich. Schließlich überraschte ich Eder mit den Karten. Ich packte sie in buntes Geschenkpapier und war ganz aufgeregt, als er das Päckchen öffnete. Ich zweifelte keinen Augenblick, dass er sich über diese Einladung freuen würde und stolz mit mir durch den Abend tanzen wollte.

Eder schaute die Karten genau an. Meine Liebe, du weißt, dass ich nichts lieber täte, als dich zu begleiten, aber das würde mir meine Frau nie verzeihen.

Ich verbrannte die Karten und hängte das Kleid in den Kasten. Eder hat es nie gesehen.

Seemann bedeckt kurz ihr Gesicht. Aber ich wollte dir doch erzählen, wie es war, als ich Eder nach diesem einen schweren Jahr traf. Lange vor dieser Kleidergeschichte. Zuerst muss ich allerdings Gesichtsgymnastik machen, ich fühle mich gerade ein bisschen verspannt. Sie verzieht ihr Gesicht in alle Richtungen. Links, rechts, links: Sie schupft ihren Mund hin und her. Und wie ihr Mund so im Gesicht herumwandert, lacht sie plötzlich wieder. Wenn ich mein Gesicht in alle Richtungen dehne, wenden sich auch meine Gehirnwindungen, und die Gedanken fallen wieder an die richtigen Stellen.

Es war Zufall! Ich ging gerade mit meinem vollen Einkaufskorb nach Hause, als jemand meinen Namen rief. Eder strahlte übers ganze Gesicht. Er schien sich wirklich zu freuen, mich zu sehen. Er nahm meinen Einkaufskorb. Wohin damit, fragte er. Ich nahm ihn also mit in meine Wohnung, die er noch nicht kannte. Er war so linkisch, so unsicher. Er stand in meinem Wohnzimmer herum und wusste nicht, wohin mit seinen Händen. Setz dich doch, sagte ich zu ihm. Ich mache Kaffee, sagte ich. Kuchen hatte ich auch noch, Mutter hatte ihn am Wochenende dagelassen. Er trank den Kaffee, verschüttete den Zucker, als er ihn aus der Dose löffelte, und bröselte mit dem Kuchen den Boden voll. Umso erstaunter war ich, als er von seinen beruflichen Erfolgen sprach. Er war jetzt Institutsleiter, und seine Frau war eine gefragte Kulturkritikerin. Ich muss gestehen, damals, bei seinem ersten Besuch, ging er mir ein bisschen auf die Nerven. Er redete viel über unsere Kindheit, über gemeinsame Spielkameraden, an die ich mich kaum noch erinnerte.

Und weißt du noch, der Edi, der immer Zuckerln eingesteckt hatte, mit denen er uns dann erpresste, damit er mitspielen durfte, damit er der gefürchtete Räuber sein durfte? Dieser Edi ist inzwischen kugelrund und sitzt praktisch den ganzen Tag im Kaffeehaus und raucht und trinkt und bringt keinen geraden Satz heraus.

Ehrlich gesagt, ich erinnerte mich an keinen Edi, und diese Geschichten von früher interessierten mich auch nicht. So toll war unsere Kindheit nicht. Und nicht nur einmal versteckte ich mich hinter einem Baum, wenn ich den Eder die Straße herunterkommen sah. Ich wollte lieber mit meinen Freundinnen spielen, er war ein Klotz am Bein.

Aber natürlich war es nett, dass er mir mit meinem Einkaufskorb half, dass er gleich merkte, dass es mir nicht so gut ging. Ich war damals, nach Jeschofnigs Felssturz, so allein. Jeschofnig ließ mich so verzweifelt zurück. Ich hatte von einem aufregenden Leben mit ihm geträumt, und er hinterging mich. Wahrscheinlich fand er es einfach „herzig", wie sehr ich für ihn schwärmte, dass ich auf seine Süßholzraspelei hereinfiel. Ich war ein leichtes Opfer und dann einfach langweilig. Er war doch immer auf Eroberung aus. Er suchte keine leichte Beute, er wollte Herausforderungen. Ich kam mir so dumm vor, ich kann es gar nicht beschreiben.

Und da war nun dieser Eder, der sich so freute, mich zu sehen. Er war unsicher, weil er wohl spürte, dass mir nicht so besonders viel an ihm lag, aber er probierte es trotzdem. Und obwohl ich bei diesem ersten gemeinsamen Kaffee in meinem Wohnzimmer nicht besonders nett war und ihn aufforderte zu gehen, als er sein Kuchenstück aufgegessen hatte, kam er am darauffolgenden Wochenende wieder.

Er nahm mich mit hierher zu diesem Haus, das er kurz zuvor von seiner Tante geerbt hatte. Erzählte, dass er über die Erbschaft sehr erstaunt gewesen sei. Ich kümmerte mich in den letzten Jahren ein bisschen um die Tante. Da war ja sonst niemand. Ich fuhr mit ihr zu diesem großen Lagerhaus in Hollabrunn. Sie war immer so begeistert, weil man dort alles bekommt. Ich mähte den Garten, der ziemlich verwildert war. Früher hatte sie einen vorbildlichen Gemüsegarten, aber das war ihr schon zu mühsam.
Wir fuhren also in dieses Haus, und ich verliebte mich sofort in das Grundstück. Nicht nur der Gar-

ten war vernachlässigt, das ganze Haus war renovierungsbedürftig. Die Fenster waren kaputt, die Böden abgetreten, und wenn man Kaffee kochte, durfte man nicht gleichzeitig staubsaugen. Im Badezimmer gab es dauernd Überschwemmungen, und das Dach war undicht.

Als ich mit Gerlinde das erste Mal hier war, rümpfte sie nur die Nase, erzählte Eder. Lauter Gerümpel, sagte sie und stieß mit ihren spitzen Schuhen nach den Küchenkästen. Und es riecht so muffig hier. Hat denn deine Tante nie gelüftet? Und der Garten! Völlig verwildert. Wie hässlich die Thujenreihe ist! Dieses Haus kannst du nicht einmal gut verkaufen. Es liegt viel zu abgelegen.

Wir aber teilten sofort die Liebe zu diesem Haus und machten uns an die Arbeit. Ich meine, der Eder zahlte und organisierte die Professionisten, und ich putzte und räumte und brachte den Garten wieder auf Vordermann. Das konnte ich, das hatte ich in der Gärtnerei gelernt. Es dauerte zwei Jahre, bis wir es so hatten, wie wir es wollten. Es wurde perfekt.

Wie ich schon sagte, Eders Frau mochte das Haus nicht, und ich dachte, dass ihr an Eder auch nicht sehr viel liegt. All die Wochenenden, die er mit mir verbrachte, all die Abende. Sie schien sich damit abgefunden zu haben. Ich meine, wir übernachteten nie

in Hollabrunn. Immer ging er spätestens um 22 Uhr nach Hause, aber das passte mir ganz gut. Ich hatte Eder, und ich hatte mein eigenes Leben mit der Gärtnerei, mit meinen Opernbesuchen und mit meiner Mutter. Eder ließ sich gern von den Gräbern erzählen und von den speziellen Wünschen der Hinterbliebenen. Wie ich ihnen erklären musste, was auf einem Grab gut ausschaut und wie die Pflanzen zu pflegen sind. Eine Pflanze, die ständig gegossen werden muss, passt nicht auf ein Grab, auch wenn die Oma sie noch so gern hatte. Pflanzen auf dem Grab müssen robust sein, dürfen nicht sehr pflegeintensiv sein, und natürlich sollen sie schön ausschauen.
Die Oper mochte der Eder nicht so besonders. Ich entdeckte sie, kurz nachdem Jeschofnig von uns gegangen war. Es geht meistens um Liebe, und nichts kann einen Schmerz besser ausdrücken als die Arie eines verschmähten Liebhabers.

Es kamen dann schon Zeiten, in denen ich mir zu wünschen begann, dass sich der Eder ganz und gar zu mir bekennt. Ich verstand immer weniger, warum er immer zu Gerlinde zurückkehrte. Jeden Tag. Und gleichzeitig merkte ich, dass ihn irgendetwas bedrückte. Plötzlich wollte er sein Auto nicht mehr vor meinem Haus parken. Letztens hat Gerlinde gesehen, dass mein Wagen den ganzen Abend hier stand.

Ich wunderte mich. Wusste sie nicht, dass er die Abende bei mir verbrachte? Ich meine, wir kannten uns nicht, aber wir wussten doch voneinander. Jedenfalls dachte ich das.
Vielleicht war meine Mutter das Problem. Sie empfing Eder mit offenen Armen. Sie freute sich so sehr, als sie ihn plötzlich in meinem Wohnzimmer sitzen sah. Und weil sie wusste, dass er so gern Süßigkeiten aß, sorgte sie dafür, dass es immer frischen Kuchen bei mir gab. Der Eder nahm sie auch zum Haus mit. Da saß sie dann selig im Garten. Dass der Eder eine Frau hatte, schien sie nicht zu stören, was einigermaßen verwunderlich war. Sie erwähnte Gerlinde nie, tat so, als ob sie nicht existierte.

In meinem Leben war schon so viel passiert, aber ich war damals erst fünfundvierzig Jahre alt. Ich dachte, nun wird alles gut, nun beginnt wieder alles neu. Fünfundvierzig war ein gutes Alter. Die ersten Silberstreifen zogen durch mein Haar, mein Gesicht war noch brillenlos, die Augenbrauen dicht, die Falten fein und zart.
Mit Mama war es nicht einfach. Sie wurde älter und drängte sich noch mehr in mein Leben. Ich wusste nicht, ob Eder das nicht alles zu viel war. Mir sowieso, ich ertrug sie kaum. Ich dachte, nein, ich war sicher, dass nur sie meinem Glück im Weg stand. Trotz-

dem hatte ich mit Eder so schöne Tage. Wie damals zu Weihnachten. Es war mein allerschönstes Weihnachten: Mama wunderte sich, dass ich Lametta im Haar hatte, aber ich erzählte ihr nicht, wie es dazu gekommen war. Das war meine Geschichte, meine, ganz allein.

Ich war zu Hause in meinem Wohnzimmer und freute mich so gar nicht auf den Abend. Mama würde, so wie jedes Jahr, pünktlich um 18 Uhr kommen. Den Weihnachtsnachmittag verbrachte sie mit ihrer Schwester, den Weihnachtsabend mit der Tochter.
In der Ecke des Wohnzimmers, gleich neben dem Fernseher, stand ein kleiner Baum. Ich hatte ihn nur spärlich geschmückt. Mama wird er so nicht gefallen. Ein bisschen mehr Mühe hättest du dir schon geben können. Und dann wird sie die Windringe auspacken, diese ganz speziellen, die sie schon Anfang November in der Konditorei bestellt hat. Die sind immer sehr schnell ausverkauft, weißt du. Sie sind einmalig gut! Sie wird die Windringe sorgfältig mit silbernen Fäden auf den Baum hängen. Morgen darf sich Eder welche nehmen, der mag sie doch so gern.
Ich lag auf meiner Couch und überlegte, ob ich den Fernseher einschalten oder lesen sollte oder doch eine Stunde schlafen? Der Abend wird anstrengend genug werden. Die Wurstplatte war vorbereitet und

wartete im Kühlschrank. Die freundliche Frau hinter der Wursttheke hatte gefragt: Wie jedes Jahr?
Ja, wie jedes Jahr, erwiderte ich und dachte: Das wird sich nie mehr ändern. Weihnachten mit Mama und Wurstplatte.
Es läutete Sturm.
Eder, was ist passiert?
Komm, schnell. Ich konnte früher weg, wir fahren zum Haus. Ich habe auch einen kleinen Tannenbaum, den können wir schmücken, hab alles dabei. Komm, schnell.
Aber ich muss doch ... Mama kommt um 18 Uhr. Du weißt, wie jedes Jahr.
Spätestens 5 vor 6 sind wir wieder da. Ich verspreche es. Komm.
Eder fuhr zügig, er hatte rote Wangen vor Aufregung, seine Augen leuchteten, und es fühlte sich an, als würden wir etwas völlig Verrücktes tun.
Aus dem Rauchfang des Hauses stieg Rauch. Ich habe unseren Nachbarn angerufen, den Steiner, und gebeten einzuheizen. Eder bezahlte Steiner damals schon gut, damit er kleine Arbeiten im Haus erledigte.
Die Stube war warm. Auf dem Tisch standen Glühwein, Weihnachtskekse und eine Karte: Frohe Weihnachten wünschen Herr und Frau Steiner.
Eder und ich schmückten die kleine Tanne. Er hatte Lametta mitgebracht, und plötzlich segelten die Sil-

berstreifen durch den Raum, blieben überall hängen, und wir konnten es gar nicht fassen, wie schön Weihnachten sein kann.

Punkt 18 Uhr brachte mich Eder wieder nach Hause, und gleich darauf läutete es an meiner Wohnungstür. Mama stand mit zwei Taschen da. Eine Tasche voller Geschenke, eine Tasche voller Süßigkeiten. Ich dachte schon, ich werde vor verschlossener Tür stehen, sagte sie grimmig. Bevor ich mich aufmachte, habe ich angerufen. Du hast nicht abgehoben.
Dann musterte sie mich: Du hast ja Lametta im Haar.

Schlimm wurde es, als Mama bei mir einzog.
Es war ein Freitag, als sie überraschend vor meiner Tür stand. Neben ihr zwei riesige Koffer. Verwundert schaute ich die beiden Ungetüme an. Wie haben es die bis hierher geschafft?
Der Taxler war so nett und hat mir geholfen, erklärte sie.
Wir schleppten die Koffer in das unbewohnte Zimmer, das ich vor vielen Jahren so liebevoll mit Jeschofnig eingerichtet hatte. Müde ließ Mama sich auf einen Sessel fallen. Ich bleibe jetzt hier, ich kann nicht mehr allein wohnen. Jetzt bist du dran, ich bin alt.
Aber Mama, wir hätten das doch in Ruhe besprechen können.

Es gibt nichts zu besprechen. Ich habe die nötigsten Sachen eingepackt. Du hast hier Platz, es wird nicht lange dauern.
Ich sagte nichts mehr. Ich packte mit ihr die Koffer aus, verstaute die beiden Ungetüme im Abstellraum, richtete Abendessen für zwei. Danach saßen wir vor dem Fernseher. Nach dem Hauptabendprogramm stand Mama auf, legte sich nieder. Das war ab da so. Ein Jahr lang.
Eder und ich überstanden dieses eine Jahr irgendwie. Mama war immer da. Wir waren sehr selten allein. Er verließ mich nicht, er hielt mit mir durch.

Manchmal, sehr selten, schafften wir es, allein zu sein. So wie an einem dieser kalten Wintertage. Mama war ausnahmsweise allein bei ihrer Schwester. Pünktlich wie immer läutete Eder an der Wohnungstür. Ich öffnete.
Ist alles bereit, fragt er.
Ja, ich komme gleich. Ich rannte in die Küche und holte den Picknickkorb. Eder wollte helfen, und wie jeden Samstag schrammte er beim Hineingehen gegen den Türstock. Ich wartete schon darauf, und wie jeden Samstag wartete ich nicht umsonst. Die ersten Male schüttelte ich noch ungläubig den Kopf, dann fand ich es liebenswert. Eder konnte nicht durch die Tür, ohne am Türstock anzustoßen.

Der voll beladene Picknickkorb wurde in den Kofferraum gestellt, und los ging es.

Ich lehnte mich zurück, schloss die Augen. Ich ließ mich so gern fahren.

Die Einfahrt zum Haus war vom Schnee geräumt, aus dem Rauchfang stieg Rauch. Steiner hatte wieder alles vorbereitet. Ich wusste, dass die Stube warm sein würde, dass der Tisch gedeckt sein und ein Kuchen mit lieben Grüßen von Steiners Frau dort stehen würde. Ich mochte die Samstagnachmittage im Winter und im Sommer. Im Winter lagen wir auf der Bettbank. Ich schaute Heimatfilme, Eder schlief. Am liebsten hätte ich diese Nachmittage festgehalten: die Fahrt im warmen Auto, das Haus mit dem rauchenden Kamin, die warme Stube, den gedeckten Tisch, den Hans-Moser-Film, den leise schnarchenden Eder. Um 21 Uhr wachte Eder wie immer pünktlich auf. Vorbei war die Idylle. Wir fahren wieder in die Stadt, sagte er, stand auf, packte seine Sachen zusammen und wartete schon an der Tür.

Ich wollte auch noch erzählen, wie ich zu meinem Namen kam. Ich erinnere mich so gern. Es war nämlich so: Im Frühjahr fuhren Eder und ich immer nach Norddeutschland. Er war dort Teilnehmer eines Fachkongresses, und ich durfte als Begleitperson mitkommen. Seine Frau hatte wohl kein Interesse. Nach dem Kongress fuhren wir noch ein, zwei Tage herum. Ich liebte diese Ausflüge. Und in einem kleinen, romantischen Hotel stürmten plötzlich zwei Frauen auf Eder zu und wollten unbedingt ein Autogramm. Eder war überrascht, wollte sie wegscheuchen, aber die beiden waren ganz aufgeregt, hatten rote Flecken im Gesicht, ihre geblümten Kleider tanzten um Eder herum. Und als er ihre Autogrammkarten nicht gleich unterschreiben wollte, wurden sie richtig grantig. Er solle sich doch Zeit nehmen für seine größten Fans, und es sei gar nicht die feine Art, jetzt den Unnahbaren zu spielen. Ich muss wohl dazusagen, dass der Eder diesem Sänger, der diese Seemannslieder singt, unheimlich ähnlich sah. Und da hatte man plötzlich auch noch die Zeilen dieses Liedes im Ohr: Junge, komm bald wieder, bald wieder zu mir … Da grinste der Eder und schrieb auf die Karten: Für Eva und Maria. Herzliche Grüße. Ich verbringe hier an diesem wunderschönen Ort, in diesem wunderschönen Hotel, wunderschöne Tage mit meiner Frau. Herzlichst Ihr Freddy Seemann. Die beiden Frauen waren selig, und an der Rezeption trug uns Eder augenzwinkernd als Herr und Frau Seemann ein und bat um Diskretion.

Herr und Frau Seemann! Ich war glücklich und nahm diesen Namen voller Freude an und legte ihn nie wieder ab.

Als Mama starb – sie schlief friedlich in ihrem Bett in meiner Wohnung ein –, änderte sich eigentlich gar nichts. Mein Leben verlief weiter wie bisher. Sie war nicht mehr da, und sie ging mir nicht ab.

Seemann macht eine kurze Pause, rutscht auf ihrer Bank herum und streicht sich langsam übers Kinn. Ich zähle oft meine Barthaare. Manche sind schneeweiß, andere kohlrabenschwarz.
Früher kontrollierte ich mein Gesicht täglich auf Haarwuchs, und sobald ein Härchen im Vergrößerungsspiegel auftauchte, zupfte ich es mit einer Pinzette aus. Ich schämte mich für diesen Haarwuchs. Diese Haare gehörten nicht in das Gesicht einer Frau. Jetzt will ich sehen, wie schlimm es letztendlich aussieht. Ich geniere mich nicht mehr dafür. Frau Steiner starrte mich beim letzten Besuch an. Sie haben da was im Gesicht. Ich meine, Sie sollten … Vielleicht kann das nächste Mal die Friseurin, stammelte sie.
Ach, das passt schon. Ich finde das gar nicht so schlimm, beruhigte ich sie.

Eders Frau wurde krank. Sie hat nur einen Schnupfen, aber ich kann sie jetzt nicht allein lassen, sagte er. Wir sehen uns am nächsten Wochenende. Damit beendete er das Telefongespräch. Er ließ mir keine Zeit für eine Antwort.

Ich stand mit meinem gepackten Picknickkorb da, überlegte kurz und holte dann meinen Rucksack. Ich packte die Jause um. Ich wollte doch ohnehin schon immer eine Wanderung machen, redete ich mir ein.
Eine Stunde mit dem Zug, und schon stand ich in grüner Berglandschaft. Wie schön es hier war! Ich spazierte über die angelegten Wanderwege, fand eine Bank und einen Tisch mit wunderbarer Aussicht. Sorgfältig deckte ich den Tisch, biss in die Wurstsemmel und ließ mir die Sonne auf die Nasenspitze scheinen. Was brauche ich diesen Eder, was brauche ich dieses Haus? Es kann mir doch gar nicht besser gehen als genau jetzt, genau hier! Alles hier ist meines: mein Himmel, meine Luft, meine Sonne. Ich muss mit niemandem teilen, ich muss nicht warten, ob einer anruft und mich mitnimmt oder ob jemand kommt und mich bekochen will oder meine Wäsche bügeln will. Ich sitze hier unabhängig, niemand muss bestätigen, dass das hier das Paradies ist. Ich weiß das auch ganz allein. Ich brauche niemanden, der über mein Haar streicht und mir sagt, wie wunderschön ich bin. Das macht die Sonne, das macht der Wind.

Kurz bevor die Dämmerung anbrach und kurz bevor es langweilig wurde so allein, packte ich meine Sachen, wanderte zum Bahnhof und fuhr wieder in die Stadt. Zu Hause sank ich auf meine Couch, ein ruhiger Abend begann. Ich schloss meine Augen. So sollen die Samstage immer sein, dachte ich.

Eine Woche später stand Eder wieder vor der Tür. Alles bereit, fragte er und deutete erstaunt auf den leeren Picknickkorb.
Der Schnupfen deiner Frau ist ausgeheilt, fragte ich.
Oh, du bist eifersüchtig!
Eder lächelte. Er freute sich! Ich konnte es nicht fassen. Ich wurde bis über beide Ohren wütend, und obwohl ich das so gar nicht geplant hatte, sagte ich: Du wirst dich entscheiden müssen. Ich oder der Schnupfen deiner Frau.
Was für eine blöde Formulierung, dachte ich, während es aus meinem Mund zischte.
Das kannst du nicht ernst meinen. Ich verbringe alle Abende mit dir – nur nicht den Mittwoch, wenn ich Handball trainiere –, jeden Samstag und jeden Sonntag verbringe ich mit dir! Das war der erste Samstag, an dem ich nicht zu dir gekommen bin.
Ich oder der Schnupfen, hörte ich mich noch einmal sagen.
Das ist völliger Irrsinn, sagte Eder.
Mir scheint, du hast dich entschieden, antwortete ich, nachdem einige Minuten Stille geherrscht hatte. Ich drängte Eder zur Tür hinaus, spürte meine Wangen heiß werden. Erst als ich die Tür zuschlug und gerade

noch das erstaunte Gesicht Eders verschwinden sah, rannen Tränen aus meinen Augen.
Soll er doch seinen Schnupfen behalten.
Ich schämte mich dann für meinen Eifersuchtsanfall.
Es lief doch gut für mich. Ich hatte Eder, und ich hatte mein Leben. Aber dann plötzlich, für mich wie aus heiterem Himmel, machte Eder Schluss.
Seemann, ich kann dir das nicht weiter antun. Wir saßen in der Stube, ich häkelte Topflappen, Eder hatte die Zeitung zur Seite gelegt.
Was, fragte ich und schaute verwundert hoch.
Na, ich weiß doch, dass ich nicht zwei Frauen haben kann. Gerlinde wird von Tag zu Tag ungeduldiger. Sie meint, so habe sie sich eine Ehe, ein Leben mit mir nicht vorgestellt. Sie erinnerte mich an meine Verpflichtung, die ich vor vielen Jahren eingegangen bin.
Ich bin zufrieden, sagte ich und beugte mich tief über meine Handarbeit. Wir können es so lassen, wie es ist.
Du weißt, dass ich dich liebe. Immer schon. Schon damals, als ich bei euch in der Küche saß.
Ich schaute auf, lächelte. Ich habe dich nicht bemerkt.
Ich weiß, sagte er müde. Aber ich kann dir das nicht weiter antun. Ich muss einen klaren Strich ziehen.
Du tust mir nichts an. Es kann bleiben, wie es ist.
Eder fuhr mich nach Hause. Es war wie immer. Das Wageninnere, die Wärme, die Musik. Wir hörten

Schuberts Siebte Symphonie, die Unvollendete. Beim Abschied umarmte er mich, als wollte er mich nie wieder loslassen. Ich habe es geschehen lassen.

An lauen Sommerabenden war ich mit Eder manchmal auf der Bank vor dem Haus gesessen. Langsam ließen wir den Abend vorübergleiten, tranken Wein, aßen Nüsse. Die Bäume warfen lange Schatten, Flugzeuge zogen Linien durch den Himmel, gemächlich flossen die Worte. Still war es, das Gesicht des Gegenübers verschwand.

Er hat mich verlassen, er hat sich für seine Frau entschieden, ich durfte das Haus nicht mehr besuchen, ich wollte ihn nie wieder sehen.
Ich war gekränkt, böse auf ihn, traurig und vor allem unheimlich wütend. Ich verstand nicht, ich wollte nicht verstehen. Wie konnte er mir das antun?

Und dann stand Eder eines Tages da und hielt mir eine Schüssel mit Brombeeren hin.
Ich weiß nicht, was ich damit tun soll. Es sind deine Brombeeren.
Deine Brombeeren, dachte ich wütend. Unsere Brombeeren. Wir hatten die Sträucher im Gartenkatalog ausgesucht, hatten die Bestellkarten ausgefüllt und dann ungeduldig auf die Lieferung gewartet. Wir

setzten die Pflanzen, schützten und pflegten sie, als wären sie unsere Kinder. Und wie freuten wir uns über die Früchte, die wir gemeinsam aßen.
Danke, sagte ich und stellte die Schüssel in die Küche.
Ich gehe dann wieder, hörte ich aus dem Vorzimmer. Ich nahm rasch meinen Mantel. Ich brauche frische Luft. Gehen wir eine Runde spazieren – in unserem Wald. Wir fahren nicht zum Haus, nur zu unserem Wald.

Eder schaute nicht glücklich drein, er beugte seinen Kopf, sagte nichts, ging mit mir zum Auto und fuhr los.
Die Fahrt im Auto, die wohlige Wärme – ich fühlte mich zu Hause. Eder erzählte vom Haus, vom Garten und dass jetzt wieder alles winterdicht gemacht werden muss und dass ihm Steiner dabei hilft und dass er sich auf Steiner immer verlassen kann und dass er froh ist, dass er diesen Steiner hat. Es war nicht weit bis zum Wald. Wir stellten das Auto ab, gingen den Forstweg entlang.
Es riecht gut, sagte ich, es riecht nach Pilzen. Wir verließen den Weg, gingen kreuz und quer, knapp hintereinander, die Köpfe gesenkt. Eierschwammerl mit Ei, sagte Eder. Weißt du noch? Wir fanden so viele, putzten sie gemeinsam, und du hast mir dann gezeigt, wie man sie zubereitet. Pilze fein schneiden, gehack-

ten Zwiebel und Petersilie anrösten, die Schwammerl dazu, Salz und Pfeffer und schließlich das Ei darüber. Wir aßen das mit Schwarzbrot.

Da sah ich einen Holzprügel vor mir liegen. Kein morsches Stück, sondern ein frisches, hartes Stück Buchenholz. Ich bückte mich, hob den Prügel auf, holte weit aus und schlug mir aller Kraft auf den gebeugten, vor sich hinredenden Mann vor mir. Und der ganze Mann fiel um, fiel mit dem Hinterkopf auf einen spitzen Stein. Woher kommt dieser spitze Stein mitten im Wald, dachte ich, als ich den Mann regungslos vor mir liegen sah.

Ich drehte mich um, rannte weg, ließ den Mann einfach liegen, kümmerte mich nicht, wollte nicht wissen, was mit ihm passiert, wollte nur einfach weg.

Ich lief zur nächsten Bushaltestelle, fuhr nach Hause, machte während der Fahrt die Augen zu, wollte nichts hören, nichts sehen. Es war genug.

Nach diesem Ausflug ging es mir wirklich nicht gut. Kaum war ich zu Hause, musste ich mich ins Bett legen. Ich hatte hohes Fieber und wurde von Alpträumen geplagt. Nach vier Tagen stand auch noch die Polizei vor meiner Tür. Sie fragten nach Eder. Ich konnte glaubhaft versichern, dass ich schon wochenlang keinen Kontakt zu ihm gehabt hatte und außerdem seit Tagen krank gewesen war. Ich sah nach diesen Tagen ohne Appetit, mit kaum Schlaf und diesen

Angstzuständen furchtbar aus. Sie glaubten mir alles und wünschten mir gute Besserung. Sie erzählten mir auch kaum etwas von Eders Verschwinden, sie wollten mich wohl nicht noch mehr beunruhigen.

Ja, was soll ich sagen. Das Leben ging weiter, und ich erholte mich wieder. Ich beschloss, warum auch nicht, zum Haus zu fahren. Alles war unverändert. Der Schlüssel war hinter dem Holzstoß versteckt, die Zimmer waren aufgeräumt, und der Kühlschrank war gefüllt. Ich setzte mich in den Garten, ließ mir die Sonne auf den Bauch scheinen und dachte an unsere glücklichen Zeiten. Es hätte wirklich alles ganz anders kommen können. Eder und ich hätten hier unseren Lebensabend gemütlich verbringen können. Plötzlich stand Frau Steiner vor mir. Sie setzte sich neben mich. Tragische Geschichte, seufzte sie. Jetzt wird wohl der Neffe hier einziehen. Neulich war er schon da. Zwei Kinder hat er.

Und da reifte der Entschluss in mir. Ich dachte: Das lasse ich mir nicht gefallen! Ich entschloss mich, dieses Haus zu besetzen. Es war rechtmäßig meines! Schon am nächsten Tag bestellte ich einen Übersiedlungswagen. Ich packte alle meine Sachen und zog hier ein. Meine Stadtwohnung übergab ich einem Immobilienbüro.

Ich richtete mich hier ein, es tat vom ersten Moment an gut, aber ich erwartete Widerstand.

Die Wendung kam auch für mich überraschend. Eder hatte mir testamentarisch Wohnrecht auf Lebenszeit eingeräumt. Ich wusste das nicht, aber damit konnte mich nun niemand von hier vertreiben. Der Neffe war ziemlich enttäuscht.

Susanne beendet die Geschichte des Engländers.

Der Eingang zu Violas Haus ist mit einem Band abgesperrt. Ein Polizeiwagen und ein Leichenwagen stehen vor der Tür, die Rettung ist bereits abgefahren. Verstörte Nachbarn stehen auf der Straße und können das Unfassbare kaum aussprechen. Aus dem Haus wird ein Blechsarg getragen.

Die Polizeisprecherin gibt ihr erstes Statement: Am frühen Abend ging eine Meldung im Polizeirevier ein. Ein Mann schluchzte ins Telefon, dass er seine Frau verletzt habe. Bei unserem Eintreffen an der angegebenen Adresse fanden wir nur noch den Leichnam der jungen Frau. Der mutmaßliche Täter, der Ehemann, hatte die Flucht ergriffen.
Über das Motiv dieses Femizides – es ist schon der neunzehnte dieses Jahres – weiß man noch nichts Genaues. Die Nachbarn der jungen Frau vermuten, dass diese schon länger einen Liebhaber hatte und dass der Ehemann diese Tat aus Eifersucht beging. Die Nach-

barn beschreiben das Opfer als junge und fröhliche und immer gut aufgelegte Frau – sie sind fassungslos ob dieser schrecklichen Tat.

Nicht weit vom Tatort, am Rande des Parks, steht ein Mann mit kariertem Anzug. Er ist starr, kann sich nicht bewegen, sein Atem geht schwer. Er fühlt sich schuldig.

Tag 6

Das Frühstück verläuft wortlos. Seemann ist wieder wie üblich gekleidet. Susanne ist müde.

Zu Mittag gibt es Frankfurter mit Senf und Kren. Das hast du als Kind schon gern gemocht, sagt Seemann.

Susanne zieht sich danach schnell zurück und schreibt Seemanngeschichten. Sie mag nicht denken, sie tippt.

Seemann_6

Du kannst dich an Eders Neffen erinnern? Ich glaube, ihr habt euch einmal hier bei mir getroffen. Da war das eine Kind von ihm drei Jahre alt und das andere neun Monate. Er kam mich ja regelmäßig besuchen, bis ich ihm gesagt habe, dass es wahrscheinlich für ihn keinen Sinn macht, auf dieses Haus zu warten. Ich verstand ja, dass die kleine Stadtwohnung im zweiten Stock für ihn und seine Familie keine gute Lösung war, aber ich war hier im Haus, ich hatte das Wohnrecht, und ich wollte nicht gehen. Ich sagte ihm, dass er sich doch ein anderes Haus kaufen solle. Er war zuerst ein bisschen verlegen und wurde rot, aber versi-

cherte mir gleich, dass er mich nicht vertreiben wolle und dass er doch wisse, dass ich und der Eder dieses Haus erst zu dem gemacht haben, was es jetzt ist. Vorher war es doch die reinste Bruchbude, sagte er.
Inzwischen hat der Neffe ein Haus im Nachbarort. Ich glaube, er und seine Familie fühlen sich dort ganz wohl. Am besten wäre es, wenn du das Haus kaufst. Mit dem eingetragenen Wohnrecht ist es sicher günstig zu haben. Der Neffe hat sicher einen Haufen Schulden und ist froh, wenn er jetzt schon seine Erbschaft zu Geld machen kann. Du kannst mich weiterhin hier besuchen, und später gehört alles dir.

Wie lange noch? Fertig leben. Hat es sich gelohnt? Vorn nichts, hinten nichts, dazwischen ein bisschen Leben. Seemann seufzte. Ich habe heute wohl meinen philosophischen Tag. Über den Sinn des Lebens nachdenken bringt nichts. Durchtauchen. Marmelade einkochen. Staub wischen im Bücherregal. Fenster putzen. Die Speisekammer zusammenräumen. Frau Steiner anrufen und fragen, ob sie Lust auf einen Kaffee hat. Unkraut jäten im Garten.

Susanne, du kannst meine Geschichten glauben oder auch nicht. Wie schon erwähnt, es wird nichts ändern. Ich habe von meiner Mutter erzählt, die mich umsorgte und behütete und mir keine Luft zum

Atmen ließ. Ich habe vom Weber erzählt, der mich enttäuschte, von Jeschofnig, den ich heiß liebte, und schließlich von Eder, der feige war und dieses perfekte Leben für seine Ehefrau hinschmiss. Ich konnte diese Menschen nicht ändern, aber ich konnte abbiegen, neu anfangen, das Alte hinter mir lassen. Die drei Männer sind tot und werden tot bleiben, und ich sitze hier auf meiner Hausbank, so wie ich schon immer sitzen wollte.
Du kannst jetzt gehen.

Seemann, das Kind!, sagt Susanne.

Das Kind. Ein schwieriges Kapitel. Es kam ganz schnell. Ich meine, man kann nicht sagen, dass es unerwartet kam. Es war die Hochzeitsnacht. Da bin ich ganz sicher. Es passierte gleich in der Hochzeitsnacht. Ich bekam keine Atempause. Nach einem Monat war mein Leben quasi gelaufen. Alle meine Wünsche und Hoffnungen waren zerstört. Durch die Schwangerschaft war kein Ausweg möglich, falls es zu diesem Zeitpunkt überhaupt irgendeinen Ausweg gegeben hätte. Ich war gefangen. Gefangen in meiner eigenen Entscheidung. Alle ließen sie mich in mein Unglück rennen. Keiner sagte eindringlich genug: Pass auf! Lass dir Zeit. Es gibt andere Möglichkeiten, andere Wege. Leg dich nicht fest. Bis dass der

Tod euch scheidet. Dazu sagte ich Ja, und alle nickten dazu. Selbst Papa war letztendlich einverstanden, obwohl er ahnte, dass der Weber nicht die richtige Wahl war. Sie nähten mir ein weißes Kleid, setzten mir einen Blumenkranz auf. Niemand öffnete mir die Augen. Niemand machte mich darauf aufmerksam, dass ich doch nur vor meiner Mutter wegrenne, vor ihrer Kontrolle. Ich saß also da mit meinem immer dicker werdenden Bauch und hatte keine Chance auf Umkehr. Ich hatte glücklich zu sein. Ich hatte doch einen Mann, ich wohnte in diesem romantischen Häuschen mit Garten, in dem ich Gemüse anbauen konnte. Es war doch alles so, wie ich es mir immer erträumt hatte. Von einem Tag auf den anderen war ich so einsam. Ich kann es gar nicht beschreiben. Ich hatte keine Freundinnen, keine Tanten und Onkeln, keinen Vater, keine Mutter. Ich saß in diesem Dorf fest, das richtige Leben verlief in der Stadt, die ich so fluchtartig verlassen hatte. Der Weber war selten zu Hause, und wenn, dann wollte er ein Essen auf dem Tisch haben, und danach schlief er und schnarchte so laut, dass die Wände zitterten.

Heute bin ich ja gern allein. Ich sitze gern in meinen vier Wänden, lese die Zeitung, schaue fern, spaziere durch den Garten und erinnere mich an mein Leben. Es war nicht immer einfach, aber letztendlich ist es gut für mich ausgegangen.

Aber zurück zu meiner Schwangerschaft. Ich aß sehr viel. Das beruhigte mich. Kochen konnte ich damals noch nicht. Meine Mutter hatte mich nie an den Herd gelassen. Das war ganz allein ihr Bereich. Ich aß Grießbrei mit Kakaopulver. Für den Weber kochte ich Rindfleisch. Das stand am Herd und köchelte vor sich hin. Er aß ein Stück Brot dazu und war zufrieden. Ich wurde richtig fett. Aber alle fanden das gut. Du musst jetzt für zwei essen, sagten sie.

Zur Geburt kam die Hebamme ins Haus. Sie war sehr ungeduldig mit mir. Ich solle nicht so wehleidig sein, solle nicht so viel jammern. So eine Geburt dauere nun einmal, da gehe es allen Frauen ähnlich. Ich wäre so gern davongelaufen, hätte so gern alles hinter mir gelassen, dieses ganz verpfuschte Leben. Ich weiß nicht, wo der Weber die ganze Zeit war. Wahrscheinlich saß er in der Küche oder er schlief am Sofa im Wohnzimmer.

Als das Kind endlich da war, war ich nur müde, aber ich musste es füttern und wickeln, und kaum legte ich mich nieder, ging es von vorn los. Meine Mutter war wohl eine Zeit lang da und hielt den Haushalt in Ordnung. Mit der Zeit wurde es leichter. Das Kind war anspruchslos. Es aß und schlief. Wenn es unzufrieden war, reichte ein Schnuller in Honig getunkt. Als es zu krabbeln begann, wurde es noch einfacher. Ich ließ das Kind die Welt erkunden. Es robbte in jede Ecke, besah sich alle Gegenstände und Dinge genau. Wir ließen uns gegenseitig in Ruhe.

Mit dem Weber wurde es nicht besser, und mir tat es leid, dass unsere kleine Welt so lieblos und kalt war. Ich hätte das dem Kind gern erspart. Allerdings schien das gar nicht zu stören, es brauchte uns gar nicht. Sie aß, sie hatte ihre Spielsachen, ihr Zimmer, ihr Bett. Kaum konnte sie gehen, wackelte sie auch im Garten herum, und schon sehr bald erweiterte sie ihre Welt auf die angrenzende Wiese. Manchmal ging der Weber mit ihr spazieren, aber sehr intensiv war sein Kontakt zu ihr auch nicht. Er mochte es, wenn sie hübsch angezogen war, ihre Zöpfe mit einer Masche geschmückt waren, dann zeigte er sie gern her.

Wir stritten selten laut, aber wir lachten auch nicht miteinander. Ich wollte das Kind nicht länger als nötig dieser Kälte aussetzen. Ich dachte, dass es ein schöneres Leben unter Gleichaltrigen haben würde. Jeder verstand, dass Bildung eine sehr wichtige Sache ist. Unsere Dorfschule war sehr einfach, der Lehrer ein netter Mann, aber nicht sehr engagiert. Wir meldeten sie in einer Klosterschule mit Internat an. Ich war mir sicher, dass das das Beste für sie war. Ich erinnere mich an den letzten Abend, bevor wir in die Stadt fuhren. Das Kind lag in seinem Bett, schlief mit seinem Teddy im Arm, und ich streichelte ganz vorsichtig über ihre Haare. Mach es gut, mein Susilein, dachte ich. Ich wusste, dass ich dich schon jetzt ins Leben hinausstieß. Es war früh, du warst noch sehr klein. Die solltest aber frei sein in deinen Entscheidungen.

Wir kamen uns nie sehr nahe. Du hattest bald deine eigenen Freunde, besuchtest diese auch am Wochenende lieber als uns. Manchmal verbrachtest du Zeit mit deiner Großmutter.

Später, als auch ich wieder in die Stadt zog, warst du erwachsen. Du studiertest, warst im Ausland, ich glaube, es ging dir gut. Manchmal wünsche ich mir, dass du mich näher kennenlernst. Du wusstest von Anfang an, dass von mir nicht viel zu erwarten war. Ich wollte dich nicht in mein Elend hineinziehen. Als ich endlich diese Ehe, diesen Irrtum verlassen konnte, brauchte ich Zeit für mich. Dann war da Jeschofnig und wieder kein Platz für ein Kind, was heißt Kind, für eine junge Frau. Ich wollte dich niemals mit einer Mutter belasten, die auf allen Linien gescheitert ist. Wir trafen uns manchmal im Kaffeehaus, hatten uns kaum etwas zu sagen. Du beobachtetest mich von außen, Nähe stellte sich nie ein. Und so ist es bis heute. Wir sind uns nicht nahe. Oder? Mehr habe ich nicht zu sagen. Du kannst jetzt gehen.

Susanne steht auf. Was soll sie sagen. Seemann schüttet diese Geschichten auf sie und fordert sie dann auf

zu gehen. Susanne hat keine Ahnung, was sie von ihr erwartet. Soll sie sagen, dass sie Seemann versteht?
Sie packt ihre Sachen. Hat Seemann tatsächlich drei Morde gestanden? Kann man sich so einfach durchschwindeln? Will sie sich vor Susanne interessant machen? Will sie letztendlich doch bestraft werden? Ist sie stolz auf sich? Will sie der Welt zeigen, dass sie keine komische Alte ist, sondern eine Frau, die ihr Leben immer wieder in die Hand genommen hat? Eine Frau, die sich nichts gefallen ließ? Will sie bewundert werden?
Was will Susanne? Soll Seemann ins Gefängnis? Sie könnte die Geschichte mitnehmen und nie wieder etwas von sich hören lassen. Würde diese Nichtbeachtung Seemann nicht am härtesten treffen? Ist diese Geschichte ein Hilfeschrei? Will sie ihrer Einsamkeit entkommen? Und Susanne soll ihr dabei helfen?
Susanne ist zornig. Soll sie mich doch in Ruhe lassen, so wie sie mich immer in Ruhe gelassen hat.

Als Susanne geht, sitzt Seemann im Garten und schaut ihren Trost an. Kurz überlegt Susanne, ob sie sich dazusetzen soll, Trost suchen und finden, aber dann geht sie weiter. Sie dreht sich nicht mehr um.
Sie fährt nach Drosendorf. Dort ist ihre Schreibinsel. Die Ferienwohnung liegt direkt am Hauptplatz, und sie hat Glück: Sie ist frei.

Drosendorf ist für Susanne schwimmen in der Thaya, lesen, essen im Gasthof, Kaffee und Mohnkuchen in der Konditorei und entlang der Stadtmauer spazieren gehen. Besonders genießt sie das Schwimmen. Der Badesteg ist unten in der Altstadt. Sie schwimmt fünfzehn Minuten flussaufwärts und dann wieder retour. Das Schwimmen dort ist wie Spazieren im Wasser. Links und rechts an den Ufern stehen Bäume und Büsche, und oben ist der weite Himmel.
Die Tage sind schön, die Tage sind erholsam. Im Gasthof Failler wird gut gekocht wie immer, die Mohntorten im Café Moka sind köstlich, das Schwimmen in der Thaya ist himmlisch. Susanne liegt im Wasser, schaut in den blauen Himmel, kleine Wattewölkchen optimieren das Bild. Sie könnte glücklich sein, entspannt, aber es funktioniert nicht. Seemann, steht in roter Schrift am blauen Himmel. Seemann, klingt es in den Ohren. Seemann begleitet sie. Vergessen, ungeschehen machen kann sie das Erzählte nicht mehr. Sie kann es anzweifeln, als Hirngespinst einer alten Frau abtun. Aber es kann doch nicht wahr sein, was sie gehört hat. Denkt sie sich nicht selbst laufend Geschichten aus? Was ist mit dem Mann mit dem karierten Anzug? Ein Liebhaber? Ein Ehebrecher? Ein Engländer? Alles nur ausgedacht, nichts Wahres dran. Muss Seemanns Geständnis überprüft werden? Wem hilft die neue Wahrheit, wenn es denn die Wahrheit

ist? Susanne möchte auf den Wellen der Thaya liegen, die Augen schließen, leise dahinschaukeln, mit kräftigen Zügen am Ufer entlang schwimmen, in fremde Grundstücke schauen, den Kindern beim Spielen zusehen, Bäume, die ihre Äste bis ins Wasser hängen lassen, bewundern.
Aber es geht nicht. Die drei Männer schauen auf Susanne herab. Du musst der Sache auf den Grund gehen.

Am Abend vor ihrer Abreise beschreibt sie ein Blatt Papier.
Geständnis.
Dann Seemanns Name und Adresse.
Dann die Namen der drei toten Männer.
Dann die kurze Schilderung, wie sie angeblich nach Seemanns Erzählung zu Tode gekommen sind.
Dann das Datum.

Das Blatt gibt sie in eine graue Mappe, legt sie auf den Tisch. Die Mappe wiegt schwer.

Am nächsten Tag, Susanne sitzt bereits im Bus nach Hause, läutet ihr Handy. Die Freundin schluchzt ins Telefon: Ich bin so eine blöde Kuh. Ich bin Trickbetrügern auf den Leim gegangen. Ich habe dreitausend Euro überwiesen. Ich weine über meine Dummheit.

Susanne versucht, die Freundin zu beruhigen, und schließlich vereinbaren sie, dass sie am Nachmittag bei der Polizei Anzeige erstatten werden. Susanne wird die Freundin begleiten.

Manchmal passieren die Dinge, manchmal muss man keine Entscheidungen treffen, denkt Susanne.

Die Anzeige wird aufgenommen. Der diensthabende Polizist schreibt ein langes, genaues Protokoll. Die Freundin ist gefasst, weint nicht mehr, ist nur noch wütend auf sich selbst.
Bevor sie gehen, schiebt Susanne die graue Mappe unbemerkt unter einen Stoß loser Zettel. Vielleicht wird sie dort ja nie gefunden.

Bereits erschienen

„Man befindet sich mitten in einem ‚Burgenlandroman'. Wenn es ein solches Genre gibt, dann ist Ulrike Winkler-Hermaden eine herausragende Vertreterin, auch wenn sie gar nicht zum Romanhaften, schon gar nicht zu großen Zeitsprüngen neigt, auch eine weit ausholende Sprache ist nicht ihr Metier. Stattdessen setzt sie auf ebenso einfache wie verknappende Mittel, man findet kein überflüssiges Wort in ihren fortlaufend im Präsens erzählten Büchern ..." *Gerhard Zeillinger, Literatur und Kritik*

„Fast 100 Jahre umspannt der Roman mit Frau Rosina (Jahrgang 1925). Schönes Gefühl: eine so große Familie. Weniger schön: ein so großes Sterben. Die in Güssing geborene Autorin Ulrike Winkler-Hermaden lässt alles wirken, indem sie sich, ganz zart schreibend, wenig einmischt." *Peter Pisa, Kurier*

Ulrike Winkler-Hermaden: Rosina.
12,5 x 20,5 cm. 136 Seiten. Hardcover. ISBN 978-3-9519804-3-0.

Bereits erschienen

„Eine Zeitgeschichte, die in den 1930er- und 1940er-Jahren in Graz und im Südburgenland spielt … Ulrike Winkler-Hermaden erzählt ein ganz gewöhnliches, eben typisches Frauenschicksal, und sie tut es mit einfachen Mitteln, geradlinig, mit leisen Tönen, aber beachtlicher Konsequenz."
Gerhard Zeillinger, Der Standard

„Mit feinem Gespür lässt die Autorin anklingen, was alles an Hoffnung und Zuversicht durch ein Regime zerstört wird, das Unmenschlichkeit und Rücksichtslosigkeit legitimiert. Auf nur 97 Seiten gelingt es ihr, die Atmosphäre einer typisch österreichischen Familie in der Zeit des Nationalsozialismus einzufangen." *Ingrid Kainzner, Bibliotheksnachrichten*

Ulrike Winkler-Hermaden: Lily und Jack.
12,5 x 20,5 cm. 98 Seiten. Hardcover mit Schutzumschlag.
ISBN 978-3-9504625-9-3.

Bereits erschienen

„Ulrike Winkler-Hermaden pendelt seit zehn Jahren von Schleinbach im Bezirk Mistelbach zu ihrer Arbeit in der Wiener Innenstadt. In der Früh 45 Minuten von der Dorfidylle im Bezirk Mistelbach hinein in die Hauptstadt. Am Abend, müde von der Arbeit, wieder nach Hause. Aufs Land. Ihre Erfahrungen im Zug hält sie in Tagebüchern fest, aus denen der amüsant zu lesende Band entstanden ist." *Uwe Mauch, Kurier*

Ulrike Winkler-Hermaden:
Mein Großvater war ein Kontinentenpendler.

Ein literarisches Schnellbahn-Tagebuch.
13,5 x 20,5 cm. 96 Seiten. Klappenbroschüre.
ISBN 978-3-9503077-2-6.

W-H EDITION WINKLER-HERMADEN